Uma ética para o novo milênio

Sua Santidade, o

Dalai-Lama

Uma ética para o novo milênio

Sabedoria milenar para o mundo de hoje

SEXTANTE

tradução
Maria Luiza Newlands

preparo de originais
Regina da veiga Pereira

revisão
José Tedin Pinto
Sérgio Bellinello Soares
Tereza da Rocha

projeto gráfico e diagramação
Valéria Teixeira

capa
Miriam Lerner

fotolitos
RR Donnelley

impressão e acabamento
Yangraf Gráfica e Editora Ltda.

CIP-BRASIL. CATALOGAÇÃO-NA-FONTE
SINDICATO NACIONAL DOS EDITORES DE LIVROS, RJ

D138e Dalai-Lama, 1935-
Uma ética para o novo milênio / Sua Santidade, o Dalai-Lama; [tradução de Maria Luiza Newlands]. – Rio de Janeiro: Sextante, 2006.

Tradução de: Ethics for the new millennium

ISBN 85-7542-237-5

1. Ética. 2. Ética budista. 3. Budismo – Doutrinas e controvérsias. I. Título.

06-1971. CDD 294.3923
CDU 294.3

GMT Editores Ltda.
Rua Voluntários da Pátria, 45 – Gr. 1.404 – Botafogo
22270-000 – Rio de Janeiro – RJ
Tel.: (21) 2286-9944 – Fax: (21) 2286-9244
E-mail: atendimento@esextante.com.br
www.sextante.com.br

Índice

Prefácio

Por ter perdido meu país com a idade de dezesseis anos e me tornado um refugiado aos vinte e quatro, enfrentei muitas dificuldades no decorrer de minha vida. Quando reflito sobre essas dificuldades, vejo que grande parte delas era insuperável. Não só eram dificuldades inevitáveis como não eram passíveis de resolução favorável. Apesar disso, no que se refere à minha paz de espírito e saúde física, posso afirmar que as superei razoavelmente bem. Assim, tenho conseguido fazer frente às adversidades com todos os meus recursos: mentais, físicos e espirituais. Eu não tinha outra alternativa. Se me deixasse dominar pela ansiedade e me desesperasse, minha saúde teria sido prejudicada. Também me sentiria tolhido em meus atos.

Olhando em torno, vejo que não somos apenas nós, os refugiados tibetanos e os membros de outras comunidades expatriadas, que enfrentamos dificuldades. Em toda parte e em todas as sociedades, as pessoas passam por sofrimentos e infortúnios – até as que gozam de liberdade e de prosperidade material. De fato, parece-me que uma grande porção do sofrimento que nos aflige é na verdade criada por nós mesmos. Em princípio, portanto, somos ao menos capazes de evitar essa porção. Constato ainda que, de modo geral, as pessoas cuja conduta é eticamente positiva são mais felizes e satisfeitas do que aquelas que se descuidam da ética. Isso confirma minha convicção de que, se pudermos reorientar nossos pensamentos e emoções e reordenar nosso comportamento, não só aprenderemos a lidar mais facilmente com o sofrimento, como seremos capazes também, acima de tudo, de impedir o surgimento de uma porção significativa dele.

Tentarei mostrar neste livro o que quero dizer com a expressão "conduta ética positiva". Ao fazê-lo, admito que é muito difícil não só generalizar com sucesso como também ser absolutamente preciso a respeito de ética e de moralidade. Raramente, talvez jamais, uma situação consiste apenas em extremos. Um mesmo ato pode ter diferentes nuances e diferentes graus de valor moral sob diferentes circunstâncias. Ao mesmo tempo, é essencial que cheguemos a um consenso sobre o que constitui conduta positiva e o que constitui conduta negativa, o que é certo e o que é errado, o que é apropriado e o que não é. No passado, o respeito que as pessoas tinham pela religião significava que a prática da ética era mantida por meio de uma maioria que seguia uma ou outra religião. Mas isso não é mais assim. Precisamos, portanto, encontrar alguma outra maneira de estabelecer princípios éticos básicos.

Não que o leitor deva supor que eu, como Dalai-Lama, tenha alguma solução especial a oferecer. Não há nada nestas páginas que não tenha sido dito antes. Na verdade, sinto que as preocupações e idéias que expresso aqui são compartilhadas por muitos daqueles que pensam a respeito do assunto e tentam encontrar soluções para os problemas e sofrimentos que nós humanos enfrentamos. Ao atender à sugestão de alguns de meus amigos e oferecer este livro ao público, minha esperança é dar voz àqueles milhões de pessoas que, não tendo oportunidade de divulgar seus pontos de vista, continuam sendo membros do que chamo de "maioria silenciosa".

O leitor deve, entretanto, ter em mente que meu aprendizado formal foi de caráter inteiramente religioso e espiritual. Desde a minha juventude, meu principal (e contínuo) campo de estudo tem sido a filosofia budista e a psicologia. Em especial, estudei as obras dos filósofos religiosos da doutrina Galuk a que, segundo a tradição, os Dalai-Lamas pertenceram. Por acreditar firmemente no pluralismo religioso, também estudei as principais obras de outras tradições budistas. Mas tive relativamente pouco contato com o pensamento secular moderno. No entanto, este não é um livro religioso. Muito menos um livro sobre budismo. Meu objetivo foi despertar o interesse por uma abordagem da ética baseada mais exatamente em princípios universais do que religiosos.

Por essa razão, produzir uma obra para o público em geral gerou muitos desafios e foi o resultado do trabalho de uma equipe. Um problema em especial surgiu da dificuldade em transpor para uma linguagem moderna vários termos tibetanos que parecia essencial utilizar. Como este livro não pretende de modo algum ser um tratado filosófico, tentei explicar esses termos de forma que pudessem ser prontamente compreendidos por leitores não especializados e também traduzidos com clareza para outras línguas. Ao fazê-lo, porém, e ao tentar comunicar-me com leitores cuja língua e cuja cultura podem ser bem diferentes das minhas, é possível que alguns matizes de significado da língua tibetana se tenham perdido e outros, não premeditados, tenham sido acrescentados. Quando tais distorções vierem à luz, conto em corrigi-las numa edição subseqüente. Neste ínterim, por sua assistência nessa área, por sua tradução para o inglês e por suas inumeráveis sugestões, desejo agradecer ao doutor Thupten Jinpa. Também desejo agradecer ao senhor A. R. Norman, por seu trabalho de preparação dos originais para publicação. Finalmente, gostaria de deixar registrados os meus agradecimentos a todas as outras pessoas que ajudaram a tornar este livro possível.

DHARAMSALA, fevereiro de 1999

Parte I

O fundamento da ética

Capítulo 1

A sociedade moderna e a busca da felicidade

Sou relativamente um recém-chegado ao mundo moderno. Apesar de ter fugido de meu país em 1959, e embora minha vida na Índia como refugiado tenha me proporcionado um contato muito maior com a sociedade contemporânea, passei meus anos de formação bastante afastado das realidades do século XX. Isso se deveu em parte à minha designação como Dalai-Lama: tornei-me monge quando tinha muito pouca idade. Isso também reflete o fato de nós, tibetanos, termos optado – erradamente, na minha opinião – por permanecer isolados atrás das altas cadeias de montanhas que separam nosso país do resto do mundo. Hoje, porém, viajo bastante e tenho a sorte de constantemente encontrar novas pessoas.

Além disso, pessoas de todas as posições sociais vêm visitar-me. Um bom número delas – em especial aquelas que fazem o esforço de viajar até a sede do governo tibetano nas colinas indianas de Dharamsala, onde vivo no exílio – chega buscando alguma coisa. Entre essas pessoas há diversas que passaram por grandes sofrimentos: algumas perderam os pais ou os filhos, outras tiveram amigos ou parentes que cometeram suicídio, outras estão doentes, com câncer ou outras enfermidades relacionadas à Aids. E ainda há, é claro, meus compatriotas tibetanos com suas histórias pessoais de privações e padecimentos. Infelizmente, muitos têm expectativas pouco realistas e imaginam que possuo poderes de cura ou que lhes posso dar algum tipo de bênção. Mas sou apenas um ser humano comum. O melhor que posso fazer para ajudá-los é compartilhar seu sofrimento.

De minha parte, encontrar tantas outras pessoas do mundo inteiro que ocupam tantas posições diferentes na sociedade me faz lembrar nossa igualdade fundamental como seres humanos. De fato, quanto mais coisas vejo no mundo, mais claro fica para mim que, não importa qual seja a nossa situação, sejamos ricos ou pobres, instruídos ou não, qualquer que seja a nossa raça, sexo ou religião, todos desejamos ser felizes e evitar os sofrimentos. Cada uma de nossas ações conscientes e, de certa forma, toda a nossa vida – como escolhemos vivê-la dentro do contexto das limitações que as circunstâncias nos impõem – podem ser vistas como a resposta à grande pergunta que desafia a todos: "Como posso ser feliz?"

O que nos sustenta nessa intensa busca da felicidade, penso eu, é a esperança. Sabemos, mesmo se não quisermos admitir, que não pode haver garantia de uma vida melhor e mais feliz do que a que estamos vivendo hoje. Como diz um velho provérbio tibetano, "a próxima vida ou o dia de amanhã: nunca se pode saber com certeza qual virá primeiro". Mas temos sempre a esperança de continuar vivendo. Temos a esperança de, por meio de tal ou tal ação, conseguir obter felicidade. Tudo o que fazemos, não só como indivíduos mas também como sociedade, pode ser visto em termos dessa aspiração fundamental. Na verdade, é uma aspiração comum a todos os seres sensíveis. O desejo ou inclinação para ser feliz e evitar os sofrimentos não conhece fronteiras. Faz parte da nossa natureza. Como tal, não necessita de justificativa e é legitimado pelo simples fato de ser o que nós natural e corretamente queremos.

É o que vemos tanto em países ricos quanto em países pobres. Em toda parte, de todas as maneiras imagináveis, as pessoas procuram melhorar suas vidas. No entanto, estranhamente, minha impressão é que aquelas que vivem em países de grande desenvolvimento material, apesar de toda a sua atividade e diligência, são de certa forma menos satisfeitas, menos felizes e, até certo ponto, sofrem mais do que as que vivem em países menos desenvolvidos. Se compararmos os ricos com os pobres, muitas vezes parece que aqueles que têm quase nada são menos ansiosos, apesar de atormentados por sofrimentos físicos. Quanto aos ricos, alguns poucos sabem como usar sua riqueza de modo inteligente – ou seja, compartilhando-a com os necessitados, e não em uma vida de luxos –, mas muitos não sabem. Estão de tal forma envolvidos com a idéia de adquirir ainda mais riquezas, que não deixam espaço para qualquer outra coisa em suas vidas. Obcecados, deixam até de sonhar com a felicidade que as riquezas supostamente deveriam trazer. O resultado é que estão sempre angustiados, divididos entre a incerteza sobre o que pode acontecer e a esperança de ganhar mais, afligidos por sofrimentos mentais e emocionais, embora as aparências façam supor que levam uma vida de sucesso e bem-estar absolutos. É o que comprovam o alto grau e a freqüência inquietante, nas populações dos países desenvolvidos materialmente, da ansiedade, do descontentamento, da frustração, da insegurança e da depressão. Além de tudo, esse sofrimento interior está claramente associado a uma confusão cada vez maior sobre o que de fato constitui a moralidade e quais são os seus fundamentos.

Esse paradoxo ocorre-me sempre que viajo para o exterior. Ao chegar a um país que ainda não conheço, de início tudo me parece muito agradável, muito bonito. Todos que encontro são muito simpáticos. Não têm do que se queixar. Então, dia após dia, escuto o que as pessoas dizem e descubro quais são os seus problemas, seus interesses e preocupações. Sob a superfície há muitos que se sentem apreensivos e insatisfeitos com suas vidas. Têm uma sensação de isolamento, à qual se segue a depressão. O que resulta na atmosfera perturbada que é um traço tão característico do mundo desenvolvido.

A princípio, isso me surpreendeu. Apesar de nunca ter achado que a riqueza material por si só jamais pudesse eliminar o sofrimento, ao olhar para o mundo desenvolvido quando estava no Tibet, um país que sempre foi muito pobre materialmente, devo admitir ter pensado que a riqueza poderia fazer mais do que realmente faz para diminuir o sofrimento. Imaginava que, com menos provações de ordem física, como é o caso da maioria das pessoas que vivem em países desenvolvidos industrialmente, a felicidade seria muito mais fácil de alcançar do que para aqueles que vivem em condições mais duras. Em vez disso, os extraordinários avanços da ciência e da tecnologia parecem ter trazido pouca coisa além de melhorias numéricas. Em muitos casos, o progresso não significou muito mais do que um maior número de casas opulentas em mais cidades com mais carros circulando entre elas. Decerto alguns tipos de sofrimento diminuíram, principalmente com relação a determinadas doenças. Mas tenho a impressão de que não houve nenhuma melhoria geral significativa.

Ao dizer isso, lembro-me bem de uma ocasião em particular durante uma de minhas primeiras viagens ao Ocidente. Eu estava hospedado com uma família muito abastada que vivia em uma casa ampla e bem decorada. Todos eram encantadores e muito delicados. Havia empregados para atender às menores necessidades e comecei a pensar que ali, talvez, estivesse a prova de que a riqueza pode ser uma fonte de felicidade. Meus anfitriões tinham inegavelmente um ar descontraído de segurança. Entretanto, quando vi dentro do banheiro, pela porta entreaberta de um armário, um estoque de tranqüilizantes e pílulas para dormir, fui obrigado a recordar que muitas vezes existe uma grande diferença entre os sinais exteriores e a realidade interior.

Este paradoxo – o fato de encontrarmos com tanta freqüência sofrimento interior, psicológico ou emocional, em meio à riqueza material – é algo que logo se percebe em grande parte do Ocidente. Na verdade, é um aspecto tão comum que caberia questionar se existe alguma coisa na cultura ocidental que predispõe as pessoas que vivem nesses lugares a tal tipo de sofrimento. Creio que não. Há fatores demais envolvidos. É evidente que o próprio desenvolvimento material tem um papel a desempenhar na questão. Mas podemos também responsabilizar a urbanização crescente da sociedade moderna, em que grandes concentrações de pessoas vivem muito próximas umas das outras. Nesse contexto, temos de considerar que, hoje em dia, em vez de dependermos uns dos outros para obter ajuda e apoio, costumamos contar com máquinas e serviços. Antigamente, os fazendeiros convocavam todos os membros da família para o trabalho da colheita; hoje, telefonam para um empreiteiro. A vida moderna está organizada de modo a fazer com que a dependência direta dos outros seja a menor possível. A ambição mais ou menos universal parece ser todos terem sua própria casa, seu próprio carro ou seu próprio computador para serem o mais independentes que puderem. Isso é natural e compreensível. Também podemos assinalar a crescente autonomia que as pessoas desfrutam em conseqüência dos avanços da ciência e da tecnologia. De fato, hoje é possível sermos muito mais independentes dos outros do que em qualquer outra época. Porém, junto com esses progressos, surgiu a noção de que meu futuro não depende de meu vizinho, e sim de meu emprego ou, no máximo, de meu patrão. E isso, por sua vez, leva-nos a supor que, pelo fato de os outros não serem importantes para a minha felicidade, a felicidade deles passa a não ser importante para mim.

A meu ver, criamos uma sociedade em que as pessoas acham cada vez mais difícil demonstrar o mínimo de afeto aos outros. Em vez da noção de comunidade e da sensação de fazer parte de um grupo, uma característica que achamos tão reconfortante nas sociedades menos afluentes (geralmente nas sociedades rurais), encontramos um alto grau de solidão e perda de laços afetivos. Apesar de milhares de pessoas viverem em grande proximidade, parece que muita gente, principalmente os velhos, não tem com quem falar a não ser com seus bichos de estimação. A sociedade industrial moderna às vezes me dá a impressão de ser uma imensa máquina autopropulsionada. Em vez de os seres humanos acionarem a máquina, cada indivíduo torna-se um pequeno componente insignificante sem outra opção a não ser mover-se quando a máquina se move.

O que gera essa situação é a retórica contemporânea de crescimento e desenvolvimento econômico, que reforça intensamente a tendência das pessoas para a competitividade e a inveja. E com isso vem a percepção da necessidade de manter as aparências – por si só uma importante fonte de problemas, tensões e infelicidade. Ainda assim existe a probabilidade de que esse tipo de sofrimento psicológico e emocional tão comum no Ocidente reflita antes uma tendência humana latente do que uma deficiência cultural. Tenho verificado que formas semelhantes de sofrimento interior também são visíveis fora do Ocidente. Em algumas partes do sudoeste da Ásia pode-se observar que, com o aumento progressivo da prosperidade, as crenças tradicionais começaram a perder seu poder de influência sobre as pessoas. E, em conseqüência, o que se constata ali é uma inquietação generalizada muito semelhante à que se estabeleceu no Ocidente. O que indica que o potencial existe em todos nós e, da mesma forma que uma doença física reflete o ambiente em que vive a pessoa, o sofrimento psicológico e emocional surge dentro de um contexto de determinadas circunstâncias. Assim, nos países subdesenvolvidos do Hemisfério Sul, ou "Terceiro Mundo", encontramos enfermidades bastante restritas àquela parte do mundo, como as que decorrem de condições sanitárias insatisfatórias. Em contraposição, nas sociedades industriais urbanas vemos doenças manifestarem-se sob formas que são coerentes com aqueles ambientes. Em vez de doenças relacionadas à água, encontramos doenças relacionadas ao estresse. Tudo isso sugere que há fortes razões para supor que existe uma ligação entre a ênfase desproporcionada que é dada ao progresso exterior e à infelicidade, à ansiedade e ao descontentamento da sociedade moderna.

Essa avaliação pode parecer muito sombria. Contudo, sem reconhecer a extensão e a natureza de nossos problemas, não será possível nem ao menos começar a tratar deles.

Indiscutivelmente, uma das principais razões da verdadeira devoção que a sociedade moderna presta ao progresso material é o próprio sucesso da ciência e da tecnologia. E, mais do que isso, a maravilha dessas atividades humanas é o fato de trazerem satisfação imediata. São, nesse sentido, diferentes da oração, cujos resultados são, na maior parte, invisíveis – se é que as orações funcionam mesmo. E os resultados do progresso material são inevitavelmente impressionantes. Por isso, é normal que, lamentavelmente, essa devoção nos faça imaginar que as chaves da felicidade são, por um lado, o bem-estar material e, por outro, o poder conferido pelo conhecimento. Fica óbvio para quem reflete seriamente sobre o assunto que o primeiro por si só não traz felicidade, mas talvez seja menos evidente que o segundo também não traz. O conhecimento em si não proporciona a felicidade resultante do desenvolvimento interior, que independe de fatores externos. Embora o conhecimento muito detalhado e específico dos fenômenos externos seja uma notável realização, a insistência em torná-lo o objetivo principal de nossos esforços, longe de nos trazer felicidade, pode na verdade ser perigosa. Pode fazer-nos perder o contato com a realidade mais ampla da experiência humana e, de modo especial, com a nossa dependência dos outros.

Precisamos também reconhecer o que acontece quando atribuímos um peso excessivo às conquistas das ciências. Por exemplo, à medida que declina a influência da religião, aumenta a confusão a respeito do problema que é saber qual a melhor maneira de proceder em nossas vidas. No passado, a religião e a ética estavam intimamente entrelaçadas. Hoje em dia, muita gente, achando que a ciência "desacreditou" a religião, conclui que, pelo fato de aparentemente não haver nenhuma prova definitiva de qualquer autoridade espiritual, a própria moralidade deve ser uma questão de preferência individual. E enquanto no passado cientistas e filósofos sentiam uma necessidade premente de encontrar fundamentos sólidos para estabelecer leis imutáveis e verdades absolutas nesse campo, atualmente esse tipo de pesquisa é considerado inútil. Como resultado, vemos uma completa inversão, uma tendência para o extremo oposto, em que afinal nada mais existe, em que a própria realidade é posta em dúvida. Isso só pode levar ao caos.

Ao dizer isso, não é minha intenção criticar a atividade científica. Aprendi muita coisa em meus encontros com cientistas e não tenho nenhuma dificuldade em dialogar com eles, mesmo quando sua perspectiva é de um materialismo absolutamente radical. Tanto quanto me lembro, sempre fui fascinado pelas descobertas científicas. Quando menino, houve uma época em que me interessava muito mais pela mecânica de um velho projetor de filmes que encontrei em um dos almoxarifados da residência de verão dos Dalai-Lamas do que por meus estudos religiosos e escolares. O que me preocupa é a tendência para não levar em conta as limitações da ciência. Ao substituir a religião na opinião popular como fonte definitiva de conhecimento, a própria ciência começa a ficar parecida com uma outra forma de religião. Com isso, surge mais um perigo na figura dos sectários que acreditam cegamente em seus princípios e são absolutamente intolerantes com pontos de vista diferentes. Mas, se levarmos em conta as extraordinárias realizações da ciência, não chega a surpreender que seu prestígio tenha suplantado o da religião. Quem não ficaria impressionado com a capacidade de levar pessoas à Lua? No entanto, um fato permanece: se perguntarmos, por exemplo, a um físico nuclear o que devemos fazer diante do dilema moral que estamos enfrentando, ele só poderá sacudir a cabeça e recomendar que procuremos a resposta em outro lugar. De modo geral, um cientista não está em melhor posição do que um advogado em questões desse tipo. Pois, apesar de tanto a ciência quanto as leis poderem ajudar a prever as prováveis conseqüências de nossas ações, nenhuma delas é capaz de nos dizer como agir numa questão de natureza moral. Além do mais, precisamos aprender a reconhecer os limites da própria investigação científica. Por exemplo, mesmo sabendo há milênios que existe uma consciência humana, mesmo que ela tenha sido um constante objeto de investigação ao longo da história e apesar de todo o esforço dos cientistas, estes ainda não compreendem o que ela é realmente, ou por que existe, como funciona ou qual vem a ser a sua natureza. A ciência não sabe dizer qual é a causa material da consciência nem quais são seus efeitos. É claro que a consciência pertence àquela categoria de fenômenos sem forma, substância ou cor. Não é passível de investigação por meios externos. O que não significa que tais fenômenos não existam, mas apenas que a ciência não pode explicá-los.

Deveríamos, então, abandonar a investigação científica sob o pretexto de que nos falhou? Certamente não. Também não pretendo insinuar que a meta de prosperidade para todos seja injustificada. Em função da nossa natureza, a experiência material e física desempenha papel predominante em nossas vidas. As conquistas da ciência e da tecnologia refletem claramente nosso desejo de alcançar uma existência melhor, mais confortável. Isso é muito bom. Quem poderia deixar de aplaudir muitos dos progressos da medicina moderna?

Ao mesmo tempo, é inegável que membros de certas comunidades rurais e tradicionais desfrutam maior harmonia e tranqüilidade do que os de nossas cidades modernas. Na região Spiti, no norte da Índia, por exemplo, a população local ainda mantém o costume de não trancar suas casas ao sair. Espera-se que o visitante que encontrar a casa vazia entre e faça uma refeição enquanto aguarda o retorno da família que mora ali. Isso não significa que não existam crimes nesses lugares. No Tibet, antes da ocupação, essas coisas também ocorriam de vez em quando. Quando aconteciam, porém, as pessoas erguiam as sobrancelhas, surpresas. Eram ocorrências pouco habituais. Ao contrário, em algumas cidades modernas, quando se passa um dia sem um assassinato, esse sim é um acontecimento raro. Com a urbanização veio a desarmonia.

É preciso cuidado, entretanto, para não idealizarmos as velhas maneiras de viver. O alto nível de cooperação que encontramos em comunidades atrasadas pode estar baseado mais em necessidade do que em boa vontade. Em geral, a cooperação aí é vista como uma alternativa a grandes privações. E o contentamento que observamos pode na verdade ter mais a ver com ignorância do que com outra coisa. Essas pessoas talvez não sejam capazes de perceber ou imaginar que seja possível existir outra maneira de viver. Se imaginassem, é muito provável que a adotassem com grande entusiasmo. O desafio que enfrentamos é, portanto, encontrar meios de desfrutar o mesmo grau de harmonia e tranqüilidade dessas comunidades mais tradicionais e, ao mesmo tempo, nos beneficiarmos integralmente dos progressos materiais do mundo na aurora do novo milênio. Pensar de outra forma seria pressupor que aquelas comunidades não deveriam nem mesmo tentar melhorar seu padrão de vida. Sim, tenho certeza de que os nômades do Tibet, por exemplo, ficariam muito contentes se possuíssem o que há de mais moderno em matéria de roupas térmicas para o inverno, combustível sem fumaça para cozinhar, televisões portáteis em suas tendas, e se tivessem acesso às vantagens da medicina moderna. E não seria eu quem iria negar-lhes isso.

A sociedade moderna, com todas as suas vantagens e seus defeitos, formou-se num contexto de muitas causas e condições diversas. Imaginar que resolveríamos todos os nossos problemas se abandonássemos o progresso material seria ver a situação de uma perspectiva limitada. Seria sobretudo ignorar as causas subjacentes. Além do que, ainda há muitas razões para sermos otimistas com relação ao mundo moderno.

Existem inúmeras pessoas nos países mais desenvolvidos cuja preocupação pelos outros se manifesta de maneira ativa. Penso na enorme bondade com que nós, os refugiados tibetanos, fomos tratados por aqueles cujos recursos pessoais eram também bastante reduzidos. Para citar um exemplo, nossas crianças se beneficiaram imensamente da assistência generosa de seus professores indianos, muitos dos quais foram obrigados a viver sob condições difíceis longe de suas casas. Em uma escala mais ampla, temos também de levar em conta a crescente valorização dos direitos humanos fundamentais em todo o mundo.

A meu ver, isso representa um avanço muito positivo. A forma como a comunidade internacional geralmente reage aos desastres naturais – com ajuda imediata – também é uma maravilhosa característica do mundo moderno. O reconhecimento cada vez maior de que não podemos continuar para sempre maltratando o nosso ambiente natural sem incorrer em sérias conseqüências é igualmente um motivo de esperança. Além disso, acredito que, graças em grande parte à comunicação moderna, as pessoas parecem estar aceitando melhor a diversidade. E os padrões de alfabetização e educação em todo o mundo são em geral mais altos do que jamais foram. Vejo essas evoluções positivas como uma indicação do que nós humanos somos capazes.

Recentemente, tive oportunidade de encontrar a rainha-mãe da Inglaterra. Ela havia sido uma figura familiar para mim durante toda a minha vida, assim o encontro me deu muito prazer. O que achei particularmente encorajador, porém, foi ouvir uma mulher tão idosa quanto o próprio século XX afirmar que as pessoas se tornaram muito mais conscientes da existência das outras do que quando ela era jovem. Naquela época, disse ela, as pessoas praticamente só se interessavam por seu próprio país, enquanto hoje há muito mais preocupação com os habitantes de outros países. Quando lhe perguntei se sentia otimismo com relação ao futuro, respondeu-me, sem hesitar, com uma afirmativa.

Sem dúvida, podemos apontar uma profusão de tendências fortemente negativas na sociedade moderna. Não há como negar o aumento progressivo dos casos de assassinato, violência e estupro ano após ano. Em acréscimo, ouvimos falar constantemente de exploração e abuso nos relacionamentos familiares e, em esferas mais amplas da comunidade, do número crescente de jovens viciados em drogas e álcool e da forma como a alta proporção de casamentos que terminam em divórcio afeta as crianças nos dias de hoje. Nem mesmo nossa pequena comunidade de refugiados escapou do impacto de alguns desses efeitos da marcha dos acontecimentos. Antes, quase não se tinha notícia de suicídios na sociedade tibetana, mas ultimamente ocorreram um ou dois trágicos incidentes desse tipo em nossa comunidade de exilados. Da mesma forma, a última geração não conheceu jovens tibetanos viciados em drogas, mas agora temos alguns casos – principalmente, é preciso dizer, nos lugares em que eles estão expostos ao estilo de vida urbano moderno.

Contudo, ao contrário dos sofrimentos derivados da doença, da velhice e da morte, nenhum desses problemas é por natureza inevitável. Nem se deve a qualquer falta de conhecimento. Quando os examinamos, verificamos que são todos problemas éticos. Cada um deles reflete o que compreendemos como sendo certo e errado, positivo e negativo, apropriado ou não. Mas, acima de tudo, pode-se apontar para uma causa ainda mais fundamental: o descaso por aquilo que chamo de nossa dimensão interior.

O que quero dizer com isso? A meu ver, nossa ênfase excessiva em ganho material reflete a suposição de que aquilo que se pode comprar é capaz de, por si só, nos proporcionar toda a satisfação que esperamos. Entretanto, por natureza, a satisfação que o ganho material nos oferece está limitada aos sentidos. Isso seria ótimo se nós, seres humanos, fôssemos iguais aos animais. Porém, dada a complexidade de nossa espécie – em especial o fato de termos pensamentos e emoções, bem como a capacidade de imaginar e de criticar –, é óbvio que nossas necessidades transcendem o que é meramente sensual. A ansiedade, o estresse, a confusão, a insegurança e a depressão que prevalecem entre aqueles cujas necessidades básicas foram satisfeitas são uma clara indicação desse fato. Nossos problemas, tanto aqueles que enfrentamos externamente – como as guerras, os crimes e a violência – quanto os que enfrentamos internamente – nossos sofrimentos emocionais e psicológicos –, não podem ser solucionados enquanto não cuidarmos do que foi negligenciado. O descaso pela dimensão interior do homem fez com que todos os grandes movimentos dos últimos cem anos ou mais – democracia, liberalismo, socialismo – deixassem de produzir os benefícios que deveriam ter proporcionado ao mundo, apesar de tantas idéias maravilhosas. Uma revolução se faz necessária, com toda a certeza. Mas não uma revolução política, ou econômica, ou mesmo tecnológica. Já tivemos experiências demais com todas elas durante o último século para saber que uma abordagem meramente externa não basta. O que proponho é uma revolução espiritual.

CAPÍTULO 2

Sem mágica, sem mistério

Ao pregar uma revolução espiritual, estaria eu afinal defendendo uma solução religiosa para nossos problemas? Não. Estou próximo dos setenta anos de idade na ocasião em que isto está sendo escrito e já acumulei bastante experiência para ter absoluta certeza de que os ensinamentos do Buda são relevantes e proveitosos para a humanidade. Quando são praticados, sem dúvida trazem benefícios não só para quem os pratica como para os outros. Meus encontros com inúmeros tipos de pessoas pelo mundo afora, porém, ajudaram-me a perceber que há outras crenças e outras culturas que, tanto quanto as minhas, podem fazer com que os indivíduos levem vidas construtivas e satisfatórias. E mais: cheguei à conclusão de que não importa muito se você tem ou não uma crença religiosa. Muito mais importante é que seja uma boa pessoa.

Digo isso diante do fato de que, embora a maioria dos seis bilhões de seres humanos da Terra afirme seguir uma ou outra tradição de fé, a influência da religião na vida das pessoas é geralmente marginal, principalmente no mundo desenvolvido. Cabe duvidar se, em todo o globo, ao menos um bilhão de pessoas sejam o que eu chamaria de dedicados praticantes religiosos, aqueles que, todos os dias, tentam seguir fielmente os princípios e preceitos de sua fé. O resto continua sendo, nesse sentido, não-praticante. E os que são dedicados praticantes seguem uma multiplicidade de caminhos religiosos. A partir daí, torna-se claro que, tendo em vista a nossa diversidade, uma única religião não pode satisfazer toda a humanidade. Podemos também concluir que nós, humanos, conseguimos viver muito bem sem recorrer à fé religiosa.

Essas declarações podem parecer estranhas, vindas de um personagem religioso. Porém, sou tibetano antes de ser Dalai-Lama, e sou humano antes de ser tibetano. Portanto, ao mesmo tempo que, como Dalai-Lama, tenho uma responsabilidade especial para com os tibetanos, e como monge tenho a responsabilidade especial de promover a harmonia inter-religiosa, como ser humano tenho uma responsabilidade muito maior para com toda a família humana – uma responsabilidade que, na verdade, todos nós temos. E como a maioria não pratica a religião, estou preocupado em tentar encontrar uma forma de servir a toda a humanidade sem apelar para a fé religiosa.

Se considerarmos as religiões mais importantes do mundo sob uma perspectiva mais ampla, descobriremos que todas elas – budismo, cristianismo, hinduísmo, islamismo, judaísmo, siquismo, zoroastrismo e outras – visam ajudar o homem a alcançar uma felicidade duradoura. E todas, na minha opinião, são capazes de proporcionar tal coisa. Nessas circunstâncias, é ao mesmo tempo desejável e útil que haja uma grande variedade de religiões promovendo os mesmos valores básicos.

Não que eu sempre tenha pensado assim. Quando era mais jovem e vivia no Tibet, acreditava, de todo o coração, que o budismo era o melhor caminho. Dizia a mim mesmo que seria maravilhoso se todos se convertessem a ele. Entretanto, isso se devia à minha ignorância. Nós, tibetanos, sabíamos, é claro, da existência de outras religiões. Mas o pouco que conhecíamos delas vinha de traduções tibetanas de fontes secundárias, budistas. Naturalmente, essas versões se concentravam nos aspectos das outras religiões que, de uma perspectiva budista, são mais abertos ao debate. Não porque seus autores budistas quisessem deliberadamente caricaturar os antagonistas, mas por não terem necessidade de abordar os aspectos que não precisavam debater, já que na Índia, onde escreviam, as obras que discutiam estavam disponíveis na íntegra. Infelizmente, não era o caso do Tibet. Não havia ali traduções disponíveis desses outros livros sagrados.

Quando cresci, aos poucos pude aprender mais sobre as outras religiões do mundo. Depois de ir para o exílio, principalmente, comecei a encontrar pessoas que, tendo dedicado a vida inteira a diferentes crenças – algumas através da oração e da meditação, outras servindo aos outros ativamente –, tinham adquirido uma vasta experiência a respeito das tradições próprias a cada uma dessas crenças. Essas trocas pessoais de conhecimentos ajudaram-me a reconhecer o enorme valor das grandes tradições de fé e levaram-me a respeitá-las profundamente. Para mim, o budismo continua sendo o caminho mais precioso. Corresponde melhor à minha personalidade. Mas isso não significa que eu acredite ser a melhor religião para todas as pessoas, da mesma forma que não acredito ser necessário que todos tenham uma crença religiosa. Como tibetano e como monge, fui criado e educado de acordo com os princípios, preceitos e práticas do budismo. Não posso negar, portanto, que toda a minha maneira de pensar foi moldada pela minha compreensão do que é ser um seguidor de Buda. Entretanto, minha preocupação neste livro é tentar alcançar o que está além das fronteiras formais de minha fé. Quero mostrar que existem de fato alguns princípios éticos universais que poderiam ajudar qualquer pessoa a alcançar a felicidade a que todos nós aspiramos. Alguns podem achar que, dessa forma, estou tentando propagar o budismo sub-repticiamente. Mesmo sendo difícil para mim contestar terminantemente tal alegação, não se trata disso.

Na realidade, creio que há uma importante distinção a ser feita entre religião e espiritualidade. Julgo que a religião esteja relacionada com a crença no direito à salvação pregada por qualquer tradição de fé, crença esta que tem como um de seus principais aspectos a aceitação de alguma forma de realidade metafísica ou sobrenatural, incluindo possivelmente uma idéia de paraíso ou *nirvana*. Associados a isso estão ensinamentos ou dogmas religiosos, rituais, orações, e assim por diante. Considero que a espiritualidade esteja relacionada com aquelas qualidades do espírito humano – tais como amor e compaixão, paciência, tolerância, capacidade de perdoar, contentamento, noção de responsabilidade, noção de harmonia – que trazem felicidade tanto para a própria pessoa quanto para os outros. Ritual e oração, junto com as questões de *nirvana* e salvação, estão diretamente ligados à fé religiosa, mas essas qualidades interiores não precisam estar. Não existe, portanto, nenhuma razão pela qual um indivíduo não possa desenvolvê-las, até mesmo em alto grau, sem recorrer a qualquer sistema religioso ou metafísico. É por isso que às vezes digo que talvez se possa dispensar a religião. O que não se pode dispensar são essas qualidades espirituais básicas.

Aqueles que praticam a religião teriam decerto razão em afirmar que tais qualidades, ou virtudes, são fruto de um genuíno empenho religioso e que, portanto, a religião tem tudo a ver com o seu desenvolvimento e com o que pode ser chamado de prática espiritual. Mas vamos esclarecer bem esse ponto. A fé religiosa exige prática espiritual. No entanto, parece haver muita confusão – freqüente não só entre os que têm uma crença religiosa como entre os que não têm – sobre o que é realmente prática espiritual. Pode-se dizer que a característica que unifica as qualidades que chamei de espirituais seja um certo grau de preocupação com o bem-estar dos outros. Em tibetano, *shen-pen kyi-sem* significa "a idéia de ser de alguma ajuda para os outros". E, quando refletimos sobre essas qualidades, vemos que cada uma delas se caracteriza por uma preocupação implícita com o bem-estar dos outros. Além do mais, quem é compassivo, amoroso, paciente, tolerante, clemente, etc., de certa forma reconhece o impacto potencial de suas ações sobre os outros e pauta sua conduta de acordo com isso. Assim, segundo essa descrição, a prática espiritual envolve, por um lado, agir preocupando-se com o bem-estar dos outros e, por outro, acarreta a nossa própria transformação, de modo que nos tornamos mais prontamente dispostos a fazê-lo. Falar sobre prática espiritual em termos diferentes desses não tem sentido.

Meu apelo por uma revolução espiritual não é, portanto, um apelo por uma revolução religiosa. Nem é uma referência a uma maneira de viver relacionada de alguma forma a outro mundo nem muito menos a algo mágico ou misterioso. Antes de mais nada, é um apelo por uma reorientação radical que nos distancie da preocupação habitual com a nossa própria pessoa. É um apelo para nos voltarmos para a ampla comunidade de seres com os quais estamos ligados, para a adoção de uma conduta que reconheça os interesses dos outros paralelamente aos nossos.

Aqui o leitor poderia objetar dizendo que a transformação de caráter que uma tal reorientação exige é certamente desejável. E que desenvolver sentimentos de compaixão e de amor é certamente bom. Mas uma revolução do espírito dificilmente seria a solução adequada para a variedade e a magnitude de problemas que enfrentamos no mundo moderno. Além disso, poderia argumentar que os problemas decorrentes de, por exemplo, violência doméstica, vício de drogas ou álcool, dissolução de famílias e assim por diante são mais bem compreendidos e mais facilmente combatidos de acordo com a natureza de cada um. Mesmo assim, se admitirmos que cada um desses problemas poderia certamente ser resolvido se as pessoas demonstrassem mais amor e compaixão umas pelas outras, por mais improvável que isso seja, concluiremos que eles podem ser também caracterizados como problemas espirituais passíveis de uma solução espiritual. Isso não quer dizer que basta cultivar valores espirituais para que os problemas desapareçam automaticamente. Pelo contrário, cada um deles necessita de uma solução específica. Quando a dimensão espiritual é negligenciada, porém, não há esperança de se conseguir uma solução duradoura.

Por que é assim? As más notícias são um fato da vida. Cada vez que abrimos um jornal ou ligamos a televisão ou o rádio, deparamos com acontecimentos tristes. Não se passa um só dia sem que em algum lugar do mundo aconteça alguma coisa que todos consideram um infortúnio. Seja qual for a nossa nacionalidade ou filosofia de vida, todos nos entristecemos, em maior ou menor escala, ao saber dos sofrimentos dos outros.

Tais acontecimentos podem ser divididos em duas grandes categorias: aqueles que se devem sobretudo a causas naturais – terremotos, secas, enchentes – e os que são originados pelo homem. Guerras, crimes, violência de todo tipo, corrupção, pobreza, trapaça, fraude e injustiça social, política e econômica, todos são conseqüência do comportamento humano negativo. E quem é responsável por tal comportamento? Nós mesmos. Da realeza aos presidentes, primeiros-ministros e políticos, passando pelos administradores, cientistas, médicos, advogados, acadêmicos, estudantes, padres, freiras, monges como eu, industriais, artistas, lojistas, técnicos, profissionais autônomos, trabalhadores braçais e desempregados, não existe uma única classe ou setor da sociedade que não contribua para nossa dose diária de más notícias.

Felizmente, ao contrário dos desastres naturais contra os quais pouco ou nada podemos fazer, esses problemas humanos, por serem essencialmente problemas éticos, podem ser superados. O fato de haver tanta gente de todos os setores e níveis da sociedade trabalhando para esse fim reforça a hipótese. Existem os que ingressam em partidos políticos para lutar por Constituições mais justas, os que se tornam advogados para lutar pela justiça, os que se aliam a organizações assistenciais para lutar contra a pobreza, os que cuidam, como profissionais ou voluntários, das vítimas de desgraças. Na verdade, muitos de nós, cada um à sua maneira e de acordo com sua própria compreensão, tentamos fazer do mundo – ou ao menos de nossa porção dele – um lugar melhor para se viver.

Lamentavelmente, verificamos que – não importa quão sofisticados sejam nossos sistemas legais ou quão avançados sejam nossos métodos de controle externo – esses recursos, sozinhos, não são capazes de erradicar os erros e maldades. Cabe observar que, hoje em dia, nossas forças policiais têm à sua disposição recursos tecnológicos que dificilmente poderiam ser imaginados há cinqüenta anos. Dispõem de métodos de vigilância que lhes permitem ver o que antes era impossível, podem utilizar testes de DNA, laboratórios especializados em medicina legal, cães farejadores e, evidentemente, pessoal altamente treinado. Contudo, os métodos criminosos evoluíram de forma equivalente, de modo que não estamos em melhor situação. Quando falta a contenção que a ética impõe, não pode haver esperança de superar problemas como o da escalada de crimes. Sem essa disciplina interior, verificamos que os próprios meios que usamos para resolver essas questões tornam-se uma fonte de dificuldades. A crescente sofisticação dos métodos policiais e criminais é um círculo vicioso e mutuamente estimulante.

Qual é, então, a relação entre a prática da espiritualidade e a ética? A relação é a seguinte: como o amor, a compaixão e outras qualidades humanitárias supõem, por definição, algum grau de preocupação com o bem-estar dos outros, supõem também a contenção que a ética exige. Só podemos manifestar amor e compaixão pelos outros se ao mesmo tempo reprimirmos nossos impulsos e desejos nocivos.

Seria compreensível que eu ao menos defendesse uma abordagem religiosa em relação aos fundamentos da prática da ética. É inegável que todas as grandes tradições de fé têm um sistema ético bem desenvolvido. Todavia, a dificuldade em vincular nossa noção de certo e errado à religião está no fato de que precisamos perguntar: "Que religião?" Qual delas apresenta o sistema mais acessível, mais aceitável? Os argumentos seriam infindáveis. E mais: não podemos ignorar que muitas pessoas rejeitam a religião baseadas em convicções sinceras e não simplesmente por negligenciarem as questões mais profundas da existência humana. Não podemos presumir que não tenham noção do que é certo ou errado, ou daquilo que é moralmente correto, só porque alguns dos que são contra a religião têm atitudes imorais. Além disso, crença religiosa não é garantia de integridade moral. Examinando a história de nossa espécie, vemos que entre os maiores responsáveis por conflitos – os que infligiram violência, brutalidade e destruição a seus semelhantes – havia muitos que professavam uma fé religiosa, muitas vezes em alto e bom som. A religião pode ajudar-nos a estabelecer princípios éticos básicos. Contudo, pode-se falar de ética e moralidade sem ter de recorrer à religião.

Mais uma vez seria possível objetar que, se não aceitarmos a religião como fonte de ética, teremos de admitir que aquilo que as pessoas entendem como bom e certo, mau e errado, moralmente correto e incorreto, o que consideram uma ação positiva e o que para elas vem a ser uma ação negativa deve variar de acordo com as circunstâncias e até mesmo de pessoa para pessoa. Mas, quanto a esse ponto, permitam-me dizer que ninguém deve imaginar ser possível formular um conjunto de regras ou leis capazes de nos fornecer respostas para todos os dilemas éticos, mesmo que aceitássemos a religião como base da moralidade. Um tal conjunto de fórmulas nunca poderia pretender capturar toda a riqueza e diversidade da experiência humana. E também daria margem a que se argumentasse que somos responsáveis apenas pelo que está rigorosamente especificado nas leis e não por nossas ações.

Não que seja inútil tentar elaborar princípios que possam ser compreendidos como algo moralmente controlador. Pelo contrário, se desejarmos ter qualquer esperança de resolver nossos problemas, é essencial encontrarmos uma forma de elaborar princípios assim. Precisamos ter meios para julgar e decidir entre, por exemplo, o terrorismo como recurso para promover reformas políticas e os princípios de resistência pacífica de Mahatma Gandhi. Precisamos ser capazes de mostrar que praticar a violência contra os outros é errado. E ainda encontrar uma forma de fazê-lo que evite os extremos do absolutismo rudimentar, por um lado, e do relativismo banal, por outro.

Minha opinião pessoal, que não se baseia unicamente em fé religiosa nem mesmo em uma idéia original, é que é possível estabelecer princípios éticos controladores quando tomamos como ponto de partida a constatação de que todos nós desejamos a felicidade e queremos evitar os sofrimentos. Não temos meios de distinguir entre certo e errado se não levamos em conta os sentimentos dos outros, os sofrimentos dos outros. Por essa razão, e também porque, como veremos adiante, é difícil sustentar a noção de verdade absoluta fora do contexto da religião, a conduta ética não é algo com que nos comprometemos por ser apenas, de certa forma, correto. Além disso, se de fato o desejo de ser feliz e evitar o sofrimento é uma disposição natural, comum a todos, segue-se que todo indivíduo tem o direito de perseguir esse objetivo. Conseqüentemente, penso que uma das coisas que determinam se uma ação está ou não de acordo com a ética é seu efeito sobre a experiência ou a expectativa de felicidade dos outros. Uma ação que prejudica ou violenta essa experiência ou expectativa de felicidade é potencialmente uma ação antiética.

Digo *potencialmente* porque, embora as conseqüências de nossas ações sejam importantes, existem outros fatores a considerar, entre eles a questão da intenção e a natureza da ação. Todos nós lembramos de coisas que fizemos que perturbaram os outros sem que tivéssemos qualquer intenção de fazê-lo. Também não é difícil lembrar de atitudes que, apesar de parecerem constrangedoras, agressivas e capazes de ferir, afinal acabaram contribuindo para a felicidade dos outros. Colocar limites para crianças com firmeza é algo que muitas vezes se inclui nessa categoria. Por outro lado, o fato de nossas ações parecerem delicadas não significa que sejam positivas ou éticas se nossas intenções forem egoístas. Pelo contrário, se, por exemplo, nossa intenção é iludir, então fingir delicadeza é uma das atitudes mais deploráveis. Embora o uso da força possa não estar envolvido, trata-se de uma atitude indiscutivelmente violenta, não só na medida em que prejudica o outro como pelo fato de trair a confiança da pessoa e sua expectativa de sinceridade.

Mais uma vez não é difícil imaginar um caso em que alguém acha que suas ações são bem-intencionadas e voltadas para o bem dos outros quando, na realidade, são totalmente imorais. Como o soldado que segue à risca a ordem de executar sumariamente prisioneiros civis. Acreditando que age por uma causa justa, ele pode achar que sua ação visa ao bem da humanidade. Contudo, segundo o princípio de não-violência que mencionei, matar é por definição um ato antiético. Cumprir uma ordem dessas seria uma atitude gravemente negativa. Em outras palavras, o conteúdo, o verdadeiro significado de nossas ações, também é importante para determinar se elas são éticas ou não, já que certos atos são negativos por definição.

Talvez o fator mais importante para determinar a natureza ética de uma ação não seja nem seu conteúdo nem seu resultado. Raras vezes os frutos de nossas ações são diretamente imputáveis apenas a nós: exemplo disso é um timoneiro que consegue levar seu barco em segurança através de uma tempestade. O sucesso de sua empreitada não dependeu apenas de suas ações. Por isso podemos admitir que o resultado de uma ação é o fator menos importante. Em tibetano, a expressão que caracteriza o que é mais importante para determinar o valor ético de uma ação é o *kun long* do indivíduo. Traduzido literalmente, o particípio *kun* significa "completamente" ou "das profundezas", e *long* (*wa*) indica o ato de fazer algo se levantar, surgir ou despertar. No sentido em que é usado aqui, porém, *kun long* é compreendido como aquilo que, de certo modo, motiva ou inspira nossas ações – tanto as que praticamos deliberadamente como as que são involuntárias. Logo, essa expressão indica o estado geral do coração e da mente do indivíduo. Quando esse estado é sadio, deduz-se que nossas ações serão (eticamente) sadias.

Com essa explicação, vê-se logo que é difícil traduzir *kun long* de maneira sucinta. Em geral, a expressão é traduzida apenas por "motivação", que claramente não capta toda a extensão de seu significado. A palavra "disposição", embora chegue bem perto, não tem a mesma conotação de atividade da expressão tibetana. E usar a frase "estado geral do coração e da mente" parece desnecessariamente longo. Talvez ela pudesse ser abreviada para "estado de espírito" ou "estado da mente", mas isso seria ignorar o sentido mais amplo da palavra "mente" na língua tibetana. "Mente" em tibetano é *lo*, que abrange as noções de consciência e de percepção e, ao mesmo tempo, de sentimento e emoção, o que reflete a compreensão de que emoções e pensamentos não podem vir separados. Em tibetano, até mesmo a percepção de uma característica como a cor tem uma dimensão afetiva. Também não existe uma idéia de pura sensação sem uma experiência cognitiva correspondente. Isso significa, antes de tudo, que podemos identificar diferentes tipos de emoção. Existem aquelas que são basicamente instintivas, como a repulsa ao ver sangue, e as que têm um componente racional mais desenvolvido, como o medo da pobreza. Peço ao leitor que tenha tudo isso em mente sempre que eu me referir a "mente", ou "motivação", ou "disposição", ou "estados de espírito ou da mente".

É mais fácil compreender que o estado geral do coração e da mente – ou motivação – de uma pessoa no momento de uma ação é, em geral, a chave para determinar a qualidade ética dessa ação se considerarmos como nossas ações são afetadas quando estamos sob o poder de fortes emoções e pensamentos negativos, como o ódio e a raiva. Nesse momento, nossa mente (*lo*) e nosso coração estão conturbados, o que nos faz não só perder o senso de percepção e perspectiva como também não enxergar o provável impacto de nossas ações sobre os outros. Podemos chegar a ficar aturdidos a ponto de ignorar os outros e seu direito à felicidade. Em tais circunstâncias, nossas ações – isto é, nossos atos, palavras, pensamentos, omissões e desejos – serão certamente nocivas à felicidade dos outros, não importando quais tenham sido nossas intenções para com os outros ou se nossas ações foram intencionais ou não. Vamos imaginar uma situação em que nos envolvemos em um desentendimento com um membro de nossa família. A maneira como lidamos com a atmosfera pesada que se instala vai depender em grande parte daquilo que inspira nossas ações no momento – em outras palavras, nosso *kun long*. Quanto menos calmos ficarmos, maior a probabilidade de reagirmos negativamente com palavras ásperas, de dizermos ou fazermos coisas de que mais tarde nos arrependeremos amargamente, mesmo que os nossos sentimentos de afeto por aquela pessoa sejam profundos.

Imaginemos ainda uma situação em que incomodamos alguém ligeiramente, como por exemplo esbarrar sem querer em uma pessoa na rua e ela gritar que devemos andar com mais cuidado. Há uma possibilidade maior de não darmos importância a isso se nossa disposição (*kun long*) for sadia, se nossos corações estiverem plenos de compaixão – um sentimento que encerra compreensão e ternura –, do que se estivermos sob a influência de emoções negativas. Quando a força motivadora de nossas ações é sadia, nossos atos tendem automaticamente a contribuir para o bem-estar dos outros. São, portanto, forçosamente éticos. E quando isso se torna o nosso estado habitual, a probabilidade de reagirmos mal quando provocados é menor. Se perdermos a paciência, será uma explosão desprovida de qualquer traço de rancor ou ódio. Em minha opinião, portanto, o objetivo da prática espiritual e, conseqüentemente, da prática da ética é transformar e aperfeiçoar o *kun long*. É assim que nos tornamos pessoas melhores.

Descobrimos que, à medida que conseguimos transformar nossos corações e mentes cultivando qualidades espirituais, passamos a ser mais capazes de lidar com as adversidades e aumentamos as probabilidades de nossas ações serem eticamente sadias. Assim, se me permitirem citar meu próprio caso como exemplo, essa maneira de compreender a ética significa que, ao procurar sempre cultivar um estado de espírito positivo ou sadio, tento ser o mais útil possível aos outros. Certificando-me, além disso, de que o conteúdo de minhas ações é igualmente positivo – à medida que sou capaz de fazê-las serem assim –, diminuo minhas chances de agir de forma antiética. Qual é a eficácia dessa técnica, ou seja, quais serão as suas conseqüências relativamente ao bem-estar dos outros, a curto ou a longo prazo, não há como dizer. Porém, se meus esforços forem constantes e se eu me mantiver atento, aconteça o que acontecer, dificilmente terei motivos para arrependimento. Pelo menos saberei que fiz o melhor que pude.

Minha análise, neste capítulo, da relação entre ética e espiritualidade não aborda a questão referente à maneira como podemos resolver dilemas éticos. Falaremos disso mais adiante. Preferi aqui tratar da ética associando o discurso ético à experiência humana fundamental de felicidade e sofrimento e evitando, assim, os problemas que surgem quando se associa a ética à religião. A realidade é que a maioria das pessoas hoje em dia não está convencida da necessidade da religião. Além do mais, existem condutas que são aceitáveis em certas tradições religiosas mas não o são em outras. Quanto ao que quero dizer com a expressão "revolução espiritual", espero ter deixado claro que uma revolução espiritual acarreta necessariamente uma revolução ética.

Capítulo 3

A origem dependente e a natureza da realidade

Em uma conferência que fiz no Japão há alguns anos, vi umas pessoas caminharem em minha direção carregando um ramo de flores. Levantei-me para receber a oferta, mas, para minha surpresa, elas passaram direto por mim e depositaram as flores em um altar que estava atrás. Sentei-me com uma grande sensação de embaraço. E, no entanto, mais uma vez estava aprendendo que a maneira como as coisas e os acontecimentos evoluem nem sempre coincide com as nossas expectativas. Esse fato da vida – a lacuna que costuma haver entre o modo como percebemos os fenômenos e a realidade de uma determinada situação – dá origem a muita infelicidade. Isso acontece principalmente quando, como no exemplo que dei, fazemos julgamentos com base em uma compreensão parcial que acaba por não se justificar por completo.

Antes de considerar em que deve consistir uma revolução espiritual e ética, vamos refletir um pouco sobre a natureza da realidade. A estreita ligação entre a percepção que temos de nós mesmos em relação ao mundo que habitamos e o nosso comportamento em função disso mostra que a nossa compreensão dos fenômenos tem um significado decisivo. Se não compreendemos os fenômenos, nos arriscamos a fazer coisas que prejudicam não só a nós mesmos como os outros.

Quando se examina o assunto, verifica-se que não é possível separar qualquer fenômeno do contexto de outros fenômenos. Podemos apenas falar de relacionamentos. Durante a nossa vida diária, nos envolvemos em inúmeras atividades diferentes e recebemos um enorme estímulo sensorial vindo de tudo com que nos deparamos. O problema dos erros de percepção, que, é claro, tem graus variados, costuma surgir por causa da nossa tendência de isolar aspectos particulares de um acontecimento ou uma experiência e vê-los como se constituíssem uma totalidade. Isso leva a um estreitamento da perspectiva e daí a falsas expectativas. Se, porém, consideramos a realidade, logo nos conscientizamos de sua infinita complexidade e nos damos conta de que a maneira como a percebemos habitualmente é muitas vezes incorreta. Se não fosse assim, a noção de engano não existiria. Se as coisas e os acontecimentos sempre evoluíssem de acordo com as nossas expectativas, não teríamos o conceito de ilusão ou de equívoco.

Como um recurso para compreender essa complexidade, considero particularmente útil o conceito de origem dependente (em tibetano, *ten del*) formulado pela escola Madhyamika (Meio-Termo ou Moderada) de filosofia budista. De acordo com esse conceito, podemos compreender como as coisas ocorrem de três maneiras diferentes. Num primeiro nível recorre-se ao princípio de causa e efeito, pelo qual todas as coisas e todos os acontecimentos surgem dependendo de uma complexa rede de causas e condições relacionadas entre si. Sendo assim, nada nem nenhum acontecimento pode vir a existir ou permanecer existindo por si só. Por exemplo, se eu pegar um punhado de barro e modelá-lo, posso fazer um vaso vir a existir. O vaso existe como resultado de meus atos. Ao mesmo tempo, é também o resultado de uma miríade de outras causas e condições. Estas abrangem a combinação de barro e água que forma a matéria-prima do vaso. Em acréscimo há o agrupamento das moléculas, dos átomos e outras diminutas partículas que formam esses componentes. Em seguida é preciso considerar as circunstâncias que levaram à minha decisão de fazer um vaso. E existem ainda as condições que cooperam ou interferem nas minhas ações à medida que dou forma ao barro. Todos esses diferentes fatores deixam claro que meu vaso não pode vir a existir independentemente de suas causas e condições. Ou seja, ele tem uma origem dependente, sua criação está subordinada a essas causas e condições.

Num segundo nível, *ten del* pode ser compreendido em termos da mútua dependência que existe entre as partes e o todo. Sem as partes, não pode haver o todo e, sem o todo, o conceito de partes não tem sentido. A idéia de "todo" implica partes, mas cada uma dessas partes precisa ser considerada como um todo composto de suas próprias partes.

No terceiro nível, pode-se dizer que todos os fenômenos têm uma origem dependente porque, quando os analisamos, verificamos que, em essência, eles não possuem uma identidade independente. Isso pode ser compreendido melhor se pensarmos na maneira como nos referimos a certos fenômenos. Por exemplo, as palavras "ação" e "agente": uma pressupõe a existência da outra. Assim como "pai" e "filho". A pessoa só pode ser um pai se tiver filhos. E um filho ou uma filha são assim chamados apenas com referência ao fato de terem pais. A mesma relação de mútua dependência é vista na linguagem que utilizamos para definir ramos de atividade ou profissões. Determinados indivíduos são chamados de fazendeiros em função de seu trabalho no campo. Os médicos são assim chamados por causa de seu trabalho na área da medicina.

De maneira mais sutil, as coisas e os acontecimentos podem ser compreendidos em termos de origem dependente quando, por exemplo, perguntamos: o que é exatamente um vaso de barro? Quando procuramos algo que possa ser definido como sua identidade final, verificamos que a própria existência do vaso de barro – e, implicitamente, a de todos os outros fenômenos – é, até certo ponto, provisória e determinada pelas convenções. Quando indagamos se sua identidade é determinada por sua forma, sua função, suas partes específicas (ou seja, ser composto de barro, água, etc.), constatamos que a palavra "vaso" não passa de uma designação verbal. Não há uma única característica que se possa dizer que o identifica. Muito menos a totalidade de suas características. Podemos imaginar vasos de formas diferentes que não deixam de ser vasos. E porque só podemos realmente falar de sua existência em relação a uma rede complexa de causas e condições, se o encararmos segundo esta perspectiva, o vaso não tem de fato nenhuma propriedade que o defina. Em outras palavras, não existe em si ou por si, mas é antes de tudo originariamente dependente.

No que se refere aos fenômenos mentais, verificamos que mais uma vez existe uma dependência – nesse caso, entre aquele que percebe e aquilo que é percebido. Tomemos como exemplo a percepção de uma flor. Em primeiro lugar, para que se possa perceber uma flor é preciso haver um órgão sensível. Segundo, precisa haver uma condição – nesse caso, a própria flor. Terceiro, para que ocorra a percepção, é preciso haver algo que direcione a atenção daquele que percebe para o objeto. Então, através da interação causal dessas condições, ocorre um acontecimento cognitivo a que chamamos percepção de uma flor. Agora vamos examinar em que consiste exatamente esse acontecimento. Seria apenas o funcionamento da faculdade sensorial? Seria apenas a interação entre essa faculdade sensorial e a própria flor? Ou seria outra coisa? Vemos que, no final, não conseguimos compreender o conceito de percepção a não ser dentro do contexto de uma intricada e imprecisa série de causas e condições.

Uma outra maneira de compreender o conceito de origem dependente é considerar o fenômeno do tempo. Em geral, presumimos que há uma entidade com existência independente a que chamamos tempo. Falamos de tempo passado, presente e futuro. Entretanto, quando examinamos melhor o assunto, vemos que esse conceito também é uma convenção. Verificamos que a expressão "momento presente" é apenas um rótulo que indica a interface entre os tempos "passado" e "futuro". Não podemos na realidade localizar com precisão o presente. O passado está apenas uma fração de segundo atrás do suposto momento presente; apenas uma fração de segundo depois está o futuro. No entanto, se dissermos que o momento presente é "agora", assim que acabarmos de pronunciar esta palavra ele já estará no passado. Se sustentássemos que, mesmo assim, deve haver um único momento indivisível pelo passado ou pelo futuro, não haveria nenhuma razão para separarmos presente, passado e futuro. Se houvesse um único momento indivisível, só teríamos o presente. Sem o conceito do presente, porém, fica difícil falar de passado e futuro, já que ambos, sem dúvida, dependem do presente. Além do mais, se nossa análise nos fizesse concluir que então o presente não existe, teríamos de negar não só uma convenção mundial como também a nossa própria experiência. De fato, quando começamos a analisar nossa experiência com relação ao tempo, vemos que o passado desaparece e o futuro ainda está para chegar. Experimentamos apenas o presente. E o presente só toma forma como dependente do passado e do futuro.

Como isso pode nos ajudar? Qual é o valor dessas observações? Encontramos nelas diversas implicações importantes. Primeiro, quando constatamos que tudo aquilo que percebemos e experimentamos é o resultado de uma série indefinida de causas e condições correlacionadas, toda a nossa perspectiva muda. Começamos a ver que o universo em que habitamos pode ser compreendido como um organismo vivo em que cada célula trabalha em cooperação equilibrada com cada uma das outras células para manter o todo. Se apenas uma dessas células é prejudicada, como acontece quando há o ataque de uma doença, esse equilíbrio é afetado e o todo passa a correr perigo. Esse raciocínio, por sua vez, sugere que nosso bem-estar pessoal está intimamente ligado não só ao bem-estar dos outros como ao ambiente em que vivemos. Também se torna evidente que nossos feitos, ações, palavras e idéias, por mais insignificantes ou irrelevantes que possam parecer, têm uma implicação não apenas para nós mesmos como também para as outras pessoas.

Além do mais, quando encaramos a realidade em termos de origem dependente, deixamos de lado nossa tendência habitual para ver as coisas e os acontecimentos como entidades uniformes, independentes e distintas. Isso é muito proveitoso porque é essa tendência que nos faz exagerar uns poucos aspectos de nossa experiência, tornando-os representativos da realidade completa de uma determinada situação e ignorando sua complexidade mais ampla.

Essa compreensão da realidade segundo o conceito de origem dependente também põe diante de nós um desafio significativo. Esse desafio consiste em ver as coisas e os acontecimentos de maneira menos simplista, menos "branco ou preto", e mais como um complexo encadeamento de conexões difíceis de especificar. Também passa a ser difícil falar em termos de absoluto. E mais, se todos os fenômenos dependem de outros fenômenos, se nenhum fenômeno pode existir independentemente, devemos considerar que até mesmo a nossa muito prezada individualidade não existe do modo que normalmente supomos. Na verdade, se investigarmos analiticamente a identidade do eu, verificaremos que sua aparente solidez dissolve-se ainda mais depressa do que a do vaso de barro ou a do momento presente. Pois, enquanto um vaso de barro é algo concreto que podemos realmente tocar, o eu é mais elusivo: sua identidade como *constructo*–

uma síntese mental que surge de uma gama de acontecimentos complexos – logo se torna evidente. E descobrimos que a nítida distinção que fazemos habitualmente entre "eu" e "os outros" é um exagero.

É inegável que todo ser humano tem, justa e naturalmente, uma forte noção do eu. Ainda que não saibamos bem por que é assim, essa noção do eu sem dúvida está presente. Examinemos, porém, o que constitui o verdadeiro objeto a que chamamos "eu". Seria a mente? Pode acontecer que a mente de uma pessoa se torne hiperativa ou depressiva. Nos dois casos, um médico pode receitar remédios para proporcionar uma sensação de bem-estar àquela pessoa. Isso mostra que pensamos na mente como, de certa forma, a posse, o domínio do eu. E, de fato, quando refletimos melhor, afirmações como "meu corpo", "minha fala", "minha mente" trazem uma noção implícita de propriedade. Portanto, é difícil ver como a mente pode constituir o eu. Isso também vale em relação à consciência. Se o eu e a consciência fossem a mesma coisa, teríamos conseqüentemente o absurdo de o ator e a ação serem um só. Desse ponto de vista, também não é fácil conceber de que modo o eu pode existir como fenômeno independente fora do conjunto mente-corpo. E outra vez isso me faz achar que nossa noção habitual do eu é de certa maneira um rótulo para uma rede complexa de fenômenos correlatos.

Neste ponto, vamos parar e analisar como normalmente agimos com relação a essa idéia do eu. Dizemos: "sou alto", "sou baixo", "fiz isso", "fiz aquilo" e ninguém nos questiona. Todos entendem o que queremos dizer e ficam satisfeitos com essas convenções que fazem parte do discurso cotidiano e são compatíveis com a experiência comum. Mas isso não quer dizer que algo exista apenas porque está sendo dito ou porque existe uma palavra que se refere a tal coisa. Ninguém jamais encontrou um unicórnio e no entanto a palavra está em todos os dicionários.

Pode-se dizer que as convenções são válidas quando não contradizem um conhecimento adquirido e quando servem de fundamento para um discurso comum no qual situamos noções como falso e verdadeiro. Isso não nos impede de aceitar que, embora perfeitamente satisfatório como mais uma convenção, o eu, como todos os outros fenômenos, exista condicionado aos rótulos e conceitos que aplicamos ao termo. Nesse contexto, considerem uma situação em que, no escuro, achamos que uma corda enrolada é uma cobra. Ficamos imóveis e sentimos medo. Embora o que estamos vendo seja na verdade um pedaço de corda do qual não nos lembramos, a ausência de luz e nossa interpretação errada nos fazem pensar que é uma cobra. Na realidade, a corda enrolada não possui nenhum dos atributos de uma cobra a não ser a maneira como aparece para nós. A cobra de verdade não está ali. Atribuímos sua existência a um objeto inanimado. O mesmo se dá com a noção de existência independente do eu.

Descobrimos que também o próprio conceito do eu é relativo. Consideremos então o fato de que muitas vezes vivemos situações em que nos culpamos. Dizemos: "Ah, naquele dia eu realmente não fui capaz de me controlar", e falamos como se estivéssemos zangados com nós mesmos. O que parece revelar que existem de fato dois eus distintos, o que agiu mal e o que critica. De forma semelhante, podemos ver que a identidade pessoal de um único indivíduo tem muitos aspectos diferentes. No meu caso, por exemplo, existe a percepção de um eu que é monge, de um eu que é tibetano, de um eu que é da região tibetana de Amdo, e assim por diante. Alguns dos eus precedem outros: o eu tibetano já existia antes do eu monge, pois só me tornei um noviço quando tinha sete anos. O eu refugiado só existe desde 1959. Em outras palavras, há muitas designações em uma única base. São todas tibetanas, já que esse eu – ou identidade – existia desde o meu nascimento. Mas são nominalmente diferentes. Para mim, essa é uma razão a mais para ter dúvida a respeito da existência inerente do eu. Não podemos, portanto, afirmar que qualquer uma das características seja o que decididamente constitui meu eu, ou, por outro lado, que meu eu seja a soma de todas. Pois mesmo que eu abandonasse uma ou mais delas, a noção de eu ainda persistiria em mim.

Essa compreensão da realidade permite-nos ver que a rígida distinção que fazemos entre nós e os outros é em grande parte o resultado de um condicionamento. E ainda assim é possível imaginar que se forme o hábito de uma concepção ampliada do eu em que o indivíduo situa seus interesses dentro dos interesses dos outros. Por exemplo, quando uma pessoa pensa em termos de sua terra natal e diz: "Nós somos tibetanos" ou "Nós somos franceses", ela está demonstrando uma compreensão de sua identidade de uma forma que está além da identidade individual.

Se o eu tivesse identidade intrínseca, seria possível falar de um interesse pessoal isolado do interesse dos outros. Mas como não é assim, como o eu e os outros só podem ser compreendidos como uma relação, vemos que o interesse pessoal e o interesse dos outros estão estreitamente relacionados. Dentro desse quadro de realidade dependentemente originada verificamos que não há interesse pessoal completamente desligado do interesse dos outros. Graças à interligação fundamental que está no coração da realidade, o seu interesse é também o meu interesse. E assim fica claro que o "meu" interesse e o "seu" interesse estão intimamente relacionados um ao outro. Em um sentido mais profundo – são convergentes.

Aceitar uma forma mais complexa de compreender a realidade, na qual coisas e acontecimentos demonstram estar firmemente inter-relacionados, não significa inferir que os princípios éticos que identificamos anteriormente deixem de ser considerados moralmente obrigatórios. Pelo contrário, o conceito de origem dependente obriga-nos a considerar a realidade de causa e efeito com extrema seriedade. Quero dizer com isso que determinadas causas levam a determinados efeitos e que certas ações levam ao sofrimento, enquanto outras levam à felicidade. É de interesse comum fazer o que leva à felicidade e evitar o que leva ao sofrimento. Entretanto, como já vimos, pelo fato de nossos interesses estarem inextricavelmente ligados, somos impelidos a aceitar a ética como uma interface indispensável entre o meu desejo de ser feliz e o seu.

Capítulo 4

Redefinindo o objetivo

Já observei aqui que é da natureza de todos nós desejar a felicidade e não querer sofrer. Além disso, afirmei que esse desejo é um direito e que, na minha opinião, pode-se concluir que um ato ético é aquele que não prejudica a experiência ou a expectativa de felicidade de outras pessoas. E apresentei uma forma de compreender a realidade que aponta para interesses comuns no que se refere ao indivíduo e aos outros.

Vamos agora considerar a natureza da felicidade. A primeira coisa a ressaltar é que essa é uma condição relativa. É vivenciada por nós de maneiras diferentes, de acordo com as nossas circunstâncias. O que torna uma pessoa feliz pode ser uma fonte de sofrimento para outra. A maioria de nós ficaria extremamente triste se fosse condenada a passar o resto da vida numa prisão. No entanto, um criminoso sob ameaça de pena de morte provavelmente ficaria muito satisfeito com uma sentença de prisão perpétua. Em segundo lugar, é importante reconhecer que usamos a palavra "felicidade" para designar estados muito diferentes, embora isso seja mais claro em tibetano, em que a mesma palavra, *de wa*, também significa "prazer". Falamos sobre felicidade quando nos referimos a um banho de água fria em um dia de intenso calor. Falamos sobre felicidade com relação a alguns estados ideais, como quando dizemos: "Ficaria extremamente feliz se ganhasse na loteria." Também falamos sobre felicidade quando aludimos às alegrias simples da vida em família.

Nesse último caso, felicidade é mais um estado que persiste apesar dos altos e baixos e dos intervalos ocasionais. No caso do banho frio em dia de calor, porém, por ser a conseqüência de uma atividade que visa agradar aos sentidos, é necessariamente um estado passageiro. Se permanecemos na água por tempo demais, começamos a sentir frio. Na verdade, a felicidade que essas atividades nos proporcionam depende de tais atividades serem de curta duração. No caso de se ganhar uma grande quantia de dinheiro, a questão de saber se isso traria uma felicidade duradoura ou apenas uma sobrecarga de dificuldades e problemas que não podem ser resolvidos somente pela riqueza dependeria de quem ganha o dinheiro. Falando de modo geral, porém, mesmo quando a riqueza nos traz felicidade, esta costuma ser do tipo que o dinheiro pode comprar: coisas materiais e experiências dos sentidos. E logo descobrimos que essas, por sua vez, se tornam elas próprias uma fonte de sofrimentos. No que se refere às nossas posses, por exemplo, temos de admitir que costumam nos causar mais dificuldades do que outra coisa na vida. O carro enguiça, perdemos nosso dinheiro, nossos bens mais preciosos são roubados, nossa casa é destruída pelo fogo, sentimos necessidade de nos cercarmos de dispositivos de segurança. Ou tais coisas acontecem de fato ou vivemos com medo que aconteçam.

Se não fosse assim – se essas ações e circunstâncias na verdade não trouxessem consigo a semente do sofrimento –, quanto mais nos entregássemos a elas, mais felizes seríamos, da mesma forma que a dor aumenta na medida em que persistem as causas da dor. Mas não é isso o que acontece. A questão é que de vez em quando chegamos a pensar que encontramos essa espécie de felicidade perfeita, até que a aparente perfeição revela-se tão efêmera quanto uma gota de orvalho em uma folha, brilhando intensamente num momento e no outro desaparecendo.

Isso explica por que depositar esperanças demais no desenvolvimento material é um engano. O problema não é o materialismo como tal, mas o fato de pensar que se pode obter satisfação completa unicamente através da gratificação dos sentidos. Ao contrário dos animais, cuja busca da felicidade restringe-se à sobrevivência e à gratificação imediata dos desejos sensoriais, nós, os seres humanos, temos a capacidade de experimentar a felicidade em um grau mais profundo que, quando atingido, tem o poder de sobrepujar as experiências adversas. Consideremos o caso de um soldado que luta em uma batalha. Ele está ferido, mas a batalha foi ganha. A satisfação que sente com a vitória significa que provavelmente sofrerá muito menos por causa dos ferimentos do que um soldado ao seu lado que foi derrotado e tão ferido quanto ele.

Essa capacidade humana para experimentar níveis profundos de felicidade explica também por que a música e as artes plásticas oferecem um maior grau de felicidade e satisfação do que a mera aquisição de objetos materiais. Entretanto, ainda que as experiências estéticas sejam uma fonte de felicidade, têm também um forte componente sensorial. A música depende dos ouvidos, as artes plásticas dependem dos olhos, a dança depende do corpo. É um tipo de satisfação adquirida em geral através dos sentidos, assim como a que obtemos através do trabalho ou da carreira. Por si só, não nos pode oferecer a felicidade com que sonhamos.

Alguém poderia argumentar: tudo bem que se faça a distinção entre a felicidade passageira e a duradoura, entre a felicidade efêmera e a verdadeira, mas a única felicidade sobre a qual faz sentido falar quando uma pessoa está morrendo de sede é o acesso à água. Isso é inquestionável. Naturalmente, quando se trata de sobrevivência, nossas necessidades tornam-se tão prementes que a maior parte de nosso esforço é direcionada para satisfazê-las. Porém, como a ânsia de sobrevivência vem de uma necessidade física, segue-se que a satisfação corporal está invariavelmente limitada ao que os sentidos podem proporcionar. Assim, concluir que deveríamos buscar a imediata gratificação dos sentidos em todas as circunstâncias dificilmente se justificaria. Se refletirmos melhor, veremos que a breve exaltação que sentimos quando aplacamos os impulsos dos sentidos talvez não seja muito diferente da que o viciado em drogas experimenta quando se entrega a seu hábito. O alívio temporário é logo seguido pela avidez por mais. E, assim como o uso de drogas acaba trazendo apenas problemas, o mesmo acontece com muito do que fazemos para satisfazer os desejos imediatos dos sentidos. O que não quer dizer que o prazer que certas atividades nos proporcionam seja errado. Mas precisamos admitir que não é possível gratificar permanentemente os sentidos. Na melhor das hipóteses, a felicidade que obtemos ao comer uma boa refeição só dura até a próxima vez em que sentimos fome. Como observou um antigo escritor indiano: "Satisfazer nossos sentidos e beber água salgada são coisas semelhantes: quanto mais as fazemos, mais crescem nossos desejos e nossa sede."

E descobrimos que grande parte daquilo que chamei de sofrimento interior pode ser atribuída à nossa forma impulsiva de buscar a felicidade. Não paramos para considerar a complexidade de uma situação determinada. Nossa tendência é de nos precipitarmos e fazer o que promete ser o caminho mais curto para a satisfação. E quase sempre nos privamos da oportunidade de uma realização mais plena. Esse modo de agir é de fato muito estranho. Em geral, não permitimos que nossas crianças façam tudo o que querem. Sabemos que, se as deixarmos livres, provavelmente passarão todo o tempo brincando sem nunca estudar. E fazemos com que renunciem ao prazer imediato da brincadeira pela obrigação de estudar. Nossa estratégia é sobretudo de longo prazo. É menos divertido para elas, mas confere-lhes uma base sólida para seu futuro. Quando ficamos adultos, porém, muitas vezes nos descuidamos desse princípio. Como, por exemplo, no caso em que um dos cônjuges dedica todo o seu tempo a interesses próprios. O outro cônjuge sem dúvida sofre e, quando isso acontece, é inevitável que fique cada vez mais difícil manter o casamento. Também é o caso de pais que se interessam apenas um pelo outro e se descuidam dos filhos, o que certamente acaba tendo conseqüências negativas.

Quando agimos para satisfazer nossos desejos imediatos sem levar em conta os interesses dos outros, solapamos a possibilidade de uma felicidade duradoura. Se moramos num lugar onde há dez outras famílias na vizinhança e nem sequer nos ocorre pensar no bem-estar delas, perdemos a oportunidade de usufruir o seu convívio. Por outro lado, se fizermos um esforço para sermos amigáveis e nos preocuparmos com elas, estaremos promovendo a nossa própria felicidade, além da felicidade delas. Imaginem ainda uma situação em que somos apresentados a alguém. Podemos convidar essa pessoa para almoçar. E vamos gastar algum dinheiro com isso. Mas o resultado é uma boa chance de iniciar uma amizade que pode trazer alegrias por anos a fio. Inversamente, se temos oportunidade de enganar alguém que acabamos de conhecer e o fazemos, podemos ganhar dinheiro ou o que quer que seja na ocasião, mas provavelmente destruiremos por completo a possibilidade de uma interação com aquela pessoa, que a longo prazo poderia nos ser benéfica.

Vamos refletir sobre a natureza daquilo que caracterizei como felicidade genuína. Minha própria experiência pode servir para ilustrar o estado a que me refiro. Como monge budista, fui treinado para a prática, a filosofia e os princípios do budismo. Porém, não recebi quase nenhuma educação prática de qualquer espécie para lidar com as exigências da vida moderna. No decorrer de minha existência tive de assumir enormes responsabilidades e enfrentar imensas dificuldades. Aos dezesseis anos perdi a liberdade quando o Tibet foi ocupado. Com vinte e quatro anos perdi meu próprio país quando vim para o exílio. Há quarenta anos vivo como refugiado em um país estrangeiro, apesar de ser meu lar espiritual. Durante todo esse tempo venho tentando servir a meus companheiros refugiados e, na medida do possível, aos tibetanos que ainda continuam no Tibet. Enquanto isso, nosso país natal conheceu a destruição e o sofrimento de uma forma indescritível. E, é claro, perdi não só minha mãe e outros parentes próximos como também amigos muito queridos. Apesar de tudo isso e apesar de sem dúvida ficar triste quando penso nessas perdas, no que diz respeito à minha serenidade básica quase sempre sinto-me calmo e satisfeito. Mesmo quando surgem dificuldades, não sou muito afetado por elas. Posso dizer, sem hesitação, que sou feliz.

Segundo a minha experiência, a principal característica da felicidade genuína é a paz, a paz interior. Não me refiro a qualquer sentimento parecido com o "estar num barato". Nem estou falando de ausência de sentimento. Ao contrário, a paz de que falo está enraizada na consideração pelos outros e envolve um alto grau de sensibilidade e sentimento, embora eu pessoalmente não possa alegar que tenha conseguido ir muito longe nesse aspecto. Atribuo minha sensação de paz sobretudo ao esforço para desenvolver meu sentimento de consideração pelos outros.

O fato de a paz interior ser a principal característica da felicidade explica o paradoxo de existir gente que está sempre insatisfeita, apesar de dispor de todas as vantagens materiais, enquanto há outros que estão sempre felizes, a despeito das circunstâncias mais penosas. Lembremos o exemplo dos oitenta mil tibetanos que, durante os meses que se seguiram à minha fuga para o exílio, deixaram o Tibet e aceitaram o asilo que lhes foi oferecido pelo governo indiano. As circunstâncias que enfrentaram eram extremamente duras. Havia pouca comida disponível e ainda menos remédios. Os campos de refugiados só podiam oferecer barracas de lona para acomodá-los. A maioria das pessoas trazia pouca coisa além da roupa do corpo com que havia saído de casa. Vestiam pesados *chubas*, o traje tibetano tradicional, apropriados para nossos invernos rigorosos, quando o que realmente precisavam na Índia era de roupas de algodão o mais leve possível. E padeciam terrivelmente de doenças desconhecidas no Tibet. Entretanto, hoje em dia, depois de todas aquelas provações, os sobreviventes demonstram raros sinais de trauma. Mesmo naquela época, poucos perderam de todo a confiança. E pouquíssimos cederam aos sentimentos de tristeza e desespero. Diria mesmo que, uma vez passado o impacto inicial, a maioria se manteve bastante otimista e, sim, feliz.

Isso indica que nosso sentimento fundamental de bem-estar não será abalado se pudermos desenvolver essa qualidade da paz interior, sejam quais forem as dificuldades que enfrentarmos na vida. E também nos leva a concluir que, apesar de não podermos negar a importância dos fatores externos para promover a felicidade, estaremos enganados se acreditarmos que eles são capazes de nos tornar completamente felizes.

Nosso temperamento, a maneira como fomos criados e as circunstâncias de nossa vida sem dúvida contribuem para nossa experiência de felicidade. E todos concordamos que a falta de determinadas coisas faz com que seja mais difícil alcançá-la. Vamos então examinar essas coisas. Saúde, amigos, liberdade e uma certa prosperidade são muito valiosos e úteis. Saúde, nem se fala. Todos a desejamos. Todos também queremos e precisamos de amigos, independentemente de nossa situação e do sucesso que alcançamos. Sempre fui fascinado por relógios. Apesar de gostar muito do que costumo usar, ele nunca me demonstrou qualquer afeição. Para obtermos a satisfação do amor precisamos de amigos que retribuam nossa afeição. É claro que há diversos tipos de amigos. Há os que são amigos da posição social de alguém, de seu dinheiro e sua fama, mas não são amigos das pessoas que possuem essas coisas. Os amigos aos quais me refiro são os que estão presentes para nos ajudar quando nos encontramos em uma fase difícil da vida, não os que baseiam seu relacionamento conosco em atributos superficiais.

A liberdade, no sentido de ter condições internas e externas para buscar a felicidade e manter e manifestar opiniões pessoais, contribui igualmente para o nosso sentimento de paz interior. Nas sociedades em que isso não é permitido há espiões e censores que investigam as vidas de todas as comunidades, até das próprias famílias. O resultado inevitável é que as pessoas começam a perder a confiança umas nas outras. Tornam-se desconfiadas e suspeitam dos motivos alheios. Quando o sentimento básico de confiança de uma pessoa é destruído, como se pode esperar que seja feliz?

A prosperidade – não tanto no sentido de se possuir grande riqueza material e mais no sentido de desenvolvimento mental e emocional – também é bastante significativa para a nossa sensação de paz interior. Aqui, mais uma vez, cabe lembrar o exemplo dos refugiados tibetanos, prósperos apesar de sua falta de recursos materiais.

Cada um desses fatores desempenha um papel importante para se ter a sensação de bem-estar individual. Contudo, sem que haja um sentimento básico de paz e segurança interiores, nenhum deles traz qualquer proveito. Por quê? Porque, como já vimos, nossos bens materiais são uma fonte de ansiedade. Assim como nosso trabalho ou nosso emprego, à medida que nos preocupamos com a possibilidade de perdê-los. Até nossos amigos e parentes são capazes de se tornar uma fonte de problemas. Podem ficar doentes e necessitar de nossa atenção quando estamos ocupados com negócios importantes. Podem até mesmo se voltar contra nós e nos prejudicar, agindo de maneira desonesta. E os nossos corpos, por mais bem-dispostos e bonitos que estejam no momento, um dia acabarão sucumbindo à velhice. Também não somos invulneráveis à doença e à dor. Portanto, não há esperança de alcançar uma felicidade duradoura se não tivermos paz interior.

Onde, então, encontraremos a paz interior? Não há uma resposta única. Mas uma coisa é certa: nenhum fator externo pode produzi-la. Muito menos adiantaria pedi-la a um médico. No máximo, o que ele poderia fazer seria receitar-nos um antidepressivo ou pílulas para dormir. De modo semelhante, nenhum computador ou nenhuma outra máquina, por mais sofisticados ou poderosos que sejam, podem oferecer-nos essa qualidade vital. Na minha opinião, desenvolver a paz interior, da qual a felicidade duradoura – e, portanto, a que tem sentido – depende, é como qualquer outra tarefa da vida: temos de identificar suas causas e condições e em seguida começar a cultivá-las diligentemente. O que, como logo se vê, exige uma dupla abordagem. Por um lado, temos de nos precaver contra os fatores que criam obstáculos a nosso desejo. Por outro, precisamos cultivar os que contribuem para ele.

No que diz respeito às condições para a paz interior, uma das mais importantes é a nossa atitude de modo geral. Permitam-me que explique isso dando mais um exemplo pessoal. Apesar de minha serenidade habitual de hoje, eu costumava ter gênio exaltado e era dado a acessos de impaciência e às vezes de raiva. Ainda hoje, admito, há ocasiões em que perco a compostura. Quando isso acontece, o menor aborrecimento pode tomar proporções exageradas e perturbar-me consideravelmente. Posso, por exemplo, acordar em uma manhã sentindo-me agitado sem nenhuma razão em especial. Quando estou assim, observo que até mesmo o que normalmente me agrada pode me irritar. Até olhar para meu relógio me provoca uma sensação de aborrecimento. Vejo-o somente como uma fonte de compromissos e, através deles, de mais sofrimento. Mas há dias em que acordo e o vejo como algo bonito, tão complexo e delicado. No entanto, evidentemente, é o mesmo relógio. O que mudou? Será que meus sentimentos de repulsa num dia e de satisfação no outro são apenas fruto do acaso? Ou existe em mim algum mecanismo neurológico em funcionamento sobre o qual não tenho nenhum controle? É claro que nosso temperamento deve ter alguma coisa a ver com esse tipo de coisa, mas o fator preponderante é, sem dúvida, a minha atitude mental. Nossa atitude básica – o modo como nos relacionamos com as circunstâncias externas – é, portanto, o que se deve considerar primeiro quando se analisam as formas de desenvolver a paz interior. Nesse contexto, o erudito e médico indiano Shantideva observou certa vez que não há esperança de encontrarmos uma quantidade suficiente de couro que cubra toda a terra para que nunca espetemos nossos pés em espinhos, mas na verdade isso não é necessário: basta um pedaço para cobrirmos as solas de nossos pés. Em outras palavras, nem sempre podemos mudar a nosso gosto uma situação externa, mas podemos mudar nossa atitude.

Outra grande fonte de paz interior e, conseqüentemente, de felicidade genuína são, é claro, os atos que realizamos em nossa busca da felicidade. Podemos classificá-los em três categorias: os que contribuem positivamente para isso, aqueles cujo efeito é neutro e os que têm um efeito negativo sobre essa felicidade. Refletindo sobre o que diferencia os atos que promovem de fato a felicidade duradoura e os que propiciam somente uma sensação passageira de bem-estar, verificamos que, nesse último caso, as atividades em si não têm valor positivo. Desejamos comer alguma coisa doce ou comprar uma peça elegante de roupa ou experimentar algo novo. Não precisamos realmente de nada disso naquele momento. Simplesmente queremos aquilo, ou queremos desfrutar aquela experiência ou sensação, e procuramos satisfazer nossos desejos sem pensar muito. Bem, não estou insinuando que isso seja errado. Um apetite pelo concreto é parte da natureza humana: queremos ver, queremos tocar, queremos possuir. No entanto, como já observei antes, é essencial reconhecer que, quando desejamos as coisas sem outro motivo além do prazer que elas nos oferecem, elas costumam acabar nos trazendo mais problemas. E descobrimos que são tão efêmeras quanto a felicidade proporcionada pela satisfação de tais necessidades.

Precisamos também tomar consciência de que essa mesma falta de preocupação com as conseqüências é o que está por trás de atos extremos, como agredir os outros e até mesmo acabar com a própria vida. Esses atos certamente satisfazem os desejos das pessoas por um curto período de tempo, apesar de os desejos que as movem serem intensamente negativos. Ou ainda, no campo da atividade econômica, perseguir o lucro sem levar em conta as conseqüências potencialmente negativas pode, sem dúvida, trazer sentimentos de grande alegria quando se alcança o sucesso. Mas, no final, há sofrimento: o meio ambiente fica poluído, nossos métodos inescrupulosos levam outras pessoas à falência, as bombas que fabricamos causam mortes e ferimentos.

Quanto às atividades que nos podem levar a uma sensação de paz e felicidade duradoura, reflitam sobre o que acontece quando fazemos algo que acreditamos ter valor. Por exemplo: cultivar uma terra árida que, depois de muito esforço, se torna fecunda. Quando analisamos atividades como essa, vemos que envolvem discernimento. Pressupõem que se pesem diferentes fatores, inclusive as prováveis e as possíveis conseqüências para nós mesmos e para os outros. Nesse processo de avaliação, a questão da moralidade – se as ações que pretendemos realizar são éticas – surge automaticamente. Assim, ainda que o impulso inicial seja o de enganar para chegar a um determinado objetivo, raciocinamos que, mesmo com a probabilidade de obter dessa maneira uma felicidade temporária, as conseqüências de nossos atos a longo prazo podem trazer problemas. E deliberadamente abandonamos uma linha de ação em favor de outra. É atingindo o nosso objetivo com esforço e sacrifício pessoal, levando em conta não só os benefícios de curto prazo para nós como também os efeitos de longo prazo sobre a felicidade dos outros e sacrificando os primeiros pelos segundos, que alcançamos a liberdade que se caracteriza pela paz e pela satisfação genuínas. Nossas diferentes reações às adversidades confirmam isso. Quando saímos de férias, nosso intuito básico é o lazer. Se, então, o mau tempo, as nuvens e a chuva frustram o nosso desejo de passar o dia relaxando ao ar livre, nossa felicidade desmorona rapidamente. Entretanto, quando o que buscamos não é a mera satisfação temporária, quando nos esforçamos para atingir um objetivo – a fome, a fadiga ou o desconforto nos incomodam muito menos. Ou seja, o altruísmo é um componente essencial das ações que levam à felicidade genuína.

Há, portanto, uma importante distinção a ser feita entre o que podemos chamar de atos éticos e atos espirituais. Um ato ético é aquele em que nos abstemos de prejudicar a experiência ou a expectativa de felicidade dos outros. Podemos descrever os atos espirituais de acordo com aquelas qualidades mencionadas anteriormente: amor, compaixão, paciência, capacidade de perdoar, humildade, tolerância, e assim por diante, que supõem um grau de consideração pelo bem-estar dos outros. Descobrimos que as ações espirituais que realizamos motivados não pelo interesse pessoal egocêntrico mas pela preocupação com os outros, na realidade, também trazem benefícios para nós. E mais do que isso, essas ações dão sentido à nossa vida. Pelo menos, essa é a minha experiência. Olhando para trás e relembrando a minha vida, posso dizer com toda a confiança que coisas como a função de Dalai-Lama, o poder político que essa função confere e até a relativa riqueza que ela põe à minha disposição não representam nem uma pequena parcela da minha felicidade em comparação com a que senti nas ocasiões em que pude prestar algum serviço aos outros.

Será que essa proposição resiste a uma análise? Seria a conduta inspirada no desejo de ajudar os outros a maneira mais eficaz de obter a felicidade genuína? Considerem o seguinte. Nós, humanos, somos seres sociais. Viemos ao mundo em conseqüência de ações dos outros. Sobrevivemos aqui dependendo dos outros. Gostemos ou não, talvez não exista em nossa vida um só momento em que não nos beneficiemos das atividades dos outros. Por esses motivos, não chega a surpreender que a maior parte de nossa felicidade esteja associada ao nosso relacionamento com os outros. Nem é tão extraordinário que nossas maiores alegrias ocorram quando estamos motivados pela consideração pelos outros. Mas isso não é tudo. Verificamos que não só os atos de altruísmo trazem felicidade como também diminuem nossa sensação de sofrimento. O que não significa que o indivíduo cujas ações são motivadas pelo desejo de proporcionar felicidade aos outros passe por menos infortúnios do que aquele que não age assim. Doenças, velhice e adversidades de um tipo ou de outro acontecem igualmente com todo mundo. No entanto, os sofrimentos que corroem nossa paz interior – a ansiedade, a frustração, a decepção – são seguramente menores. Quando nos preocupamos menos conosco, a experiência de nosso próprio sofrimento é menos intensa.

O que tudo isso nos diz? Primeiro, pelo fato de cada uma de nossas ações ter uma dimensão universal, um impacto potencial sobre a felicidade alheia, que a ética é necessária como um meio de garantir que não prejudiquemos os outros. Segundo, que a felicidade genuína consiste em qualidades espirituais – amor e compaixão, paciência, tolerância, capacidade de perdoar, humildade, e assim por diante. São elas que proporcionam felicidade tanto para nós quanto para os outros.

Capítulo 5

A suprema emoção

Em recente viagem que fiz à Europa, aproveitei a oportunidade para visitar os campos de concentração nazistas em Auschwitz. Apesar de ter ouvido falar e ter lido bastante sobre esse lugar, descobri que estava completamente despreparado para a experiência. Minha reação inicial ao ver os fornos onde centenas de milhares de pessoas foram queimadas foi de repulsa total. Fiquei estarrecido com a fria engenhosidade e a ausência de sentimentos de que aqueles fornos eram um horripilante testemunho. Lá, no museu que faz parte do centro de visitantes, vi uma coleção de sapatos. Muitos deles eram remendados ou pequenos, tendo obviamente pertencido a pessoas pobres e a crianças. Isso me entristeceu particulamente. O que poderiam elas ter feito de errado, que mal poderiam ter feito? Parei e, profundamente comovido, rezei tanto pelas vítimas quanto pelos que haviam perpetrado aquela iniqüidade, e para que algo como aquilo nunca mais voltasse a acontecer. E, ainda, por saber que todos nós temos tanto a capacidade de agir com generosidade em consideração aos nossos semelhantes quanto o potencial para sermos assassinos e torturadores, jurei nunca, de forma alguma, contribuir para uma calamidade assim.

Fatos como os que ocorreram em Auschwitz são violentas advertências sobre o que pode acontecer quando os indivíduos – e, por extensão, sociedades inteiras – perdem o contato com os sentimentos humanos básicos. Sabemos que é necessário que haja leis e tratados internacionais em vigor como garantia contra futuras desgraças desse tipo, mas também temos visto que as atrocidades continuam, apesar deles. Muito mais eficaz e importante do que as leis é o nosso respeito pelos sentimentos dos outros do ponto de vista meramente humano.

Quando falo de sentimentos humanos básicos, não estou pensando somente em alguma coisa efêmera e vaga. Refiro-me à capacidade de empatia recíproca que todos possuímos e que, em tibetano, chamamos de *shen dug ngal wa la mi sõ pa*. Traduzida literalmente, a expressão significa "a incapacidade de suportar a visão do sofrimento do outro". Admitindo-se que é isso que nos permite compreender e, até certo ponto, participar da dor dos outros, pode-se afirmar que essa é uma das nossas características mais significativas. É o que provoca o sobressalto quando ouvimos um grito de socorro, o que nos faz recuar instintivamente ao ver alguém ser maltratado, o que nos faz sofrer ao presenciar o sofrimento dos outros. E o que nos faz fechar os olhos quando queremos ignorar a desgraça alheia.

Imagine-se caminhando por uma estrada deserta onde há somente mais uma pessoa, uma pessoa idosa, seguindo bem à sua frente. De repente, aquela pessoa tropeça e cai. O que você faz? Não duvido que a maioria dos leitores se aproximaria para tentar ajudar. Nem todos, talvez. Porém, ao admitir que nem todos correriam para acudir alguém em apuros, não pretendo insinuar que a capacidade de empatia, que declarei ser universal, esteja de todo ausente nessas poucas exceções. Será que não existiria nessa minoria ao menos o sentimento de preocupação, por mais fraco que fosse, que teria motivado a maioria a oferecer ajuda? É possível que existam pessoas que, depois de suportar anos de guerra, não se comovam mais diante do sofrimento dos outros. No mesmo caso podem estar aquelas que vivem em lugares onde predomina uma atmosfera de violência e de indiferença pelos outros. É até possível imaginar que haja uns poucos que exultam com a visão do sofrimento alheio. O que não prova que a capacidade de empatia esteja ausente nessas pessoas. O fato de todos nós, com exceção talvez dos mais perturbados, gostarmos de ser tratados com bondade e gentileza pelos outros revela que a capacidade de empatia permanece, por mais empedernidos que nos tornemos.

Essa característica de compreensão dos problemas alheios é, creio eu, um reflexo de nossa "incapacidade de suportar a visão do sofrimento do outro". Digo isso porque, paralelamente à nossa capacidade natural de empatia com os outros, também necessitamos da bondade deles, o que se estende ao longo de toda a nossa vida. Isso é mais evidente quando somos muito jovens e quando ficamos velhos. Mas, mesmo em pleno apogeu de nossa vida, basta ficarmos doentes para lembrarmos como é importante que nos amem e cuidem de nós. Saber viver sem afeto pode às vezes parecer uma virtude, uma prova de coragem, mas uma vida sem esse precioso componente deve ser muito triste. Decerto não é mera coincidência que as vidas da maioria dos criminosos tenham sido marcadas pela solidão e pela falta de amor.

Constatamos esse apreço pelas demonstrações de bondade em nossa reação ao sorriso das pessoas. Para mim, a capacidade de sorrir é uma das mais belas características do ser humano. É algo que nenhum animal é capaz de fazer. Cães, baleias ou golfinhos, seres muito inteligentes e dotados de notória afinidade com os homens, não conseguem sorrir como nós. Pessoalmente, sempre fico um pouco curioso quando sorrio para alguém e a pessoa permanece séria e impassível. Por outro lado, meu coração se alegra quando me retribuem o sorriso. Mesmo quando se trata de alguém com quem nada tenho a ver, se a pessoa sorri para mim, aquilo me enternece. Por quê? A resposta é que um sorriso sincero toca algo de fundamental em nós: o apreço natural pela bondade.

Contrariando o grande número daqueles que sustentam que a natureza humana é basicamente agressiva e competitiva, meu ponto de vista é que nosso apreço pelo afeto e pelo amor é tão profundo que começa antes mesmo do nascimento. Segundo o que ouvi de alguns cientistas amigos meus, há fortes evidências de que o estado mental e emocional da mãe durante a gravidez afeta grandemente o bem-estar da criança que ainda não nasceu e que seu bebê se beneficia muito se ela mantém um estado de espírito sereno e afetuoso. A mãe feliz gera uma criança feliz. Ao contrário, frustração e raiva são prejudiciais ao desenvolvimento saudável do bebê. Da mesma forma, nas primeiras semanas depois do nascimento, a ternura e a afeição continuam a desempenhar um papel preponderante no desenvolvimento físico do bebê. Nesse estágio, o cérebro cresce muito rápido, uma atividade que os médicos acreditam ser de certa maneira favorecida pelo contato físico constante da mãe ou de quem a substitui. O que comprova que o bebê pode não saber quem é quem ou não se importar com isso, mas claramente tem necessidade física de afeto. Talvez explique também por que até as pessoas mais irascíveis, agitadas e paranóicas reagem positivamente ao afeto e aos cuidados dos outros. Quando crianças, devem ter sido alimentadas e acalentadas por alguém. Um bebê negligenciado durante esse período crítico com certeza não sobreviveria.

Por sorte, isso raramente acontece. Quase sem exceção, o primeiro ato da mãe é oferecer ao bebê seu próprio leite como alimento – um ato que para mim simboliza amor incondicional. O afeto dela nesse momento é totalmente genuíno e desinteressado: não espera nada em troca. Quanto ao bebê, este é naturalmente atraído para o seio da mãe. Por quê? É claro que se pode citar o instinto de sobrevivência. Mas, além disso, acho admissível supor um certo grau de afeição da criança pela mãe. Se sentisse aversão, iria querer mamar? E talvez o leite da mãe não fluísse livremente se ela própria sentisse aversão. O que vemos, porém, é um relacionamento baseado em amor e ternura mútuos que é inteiramente espontâneo. Não é aprendido com os outros, não é exigido por nenhuma religião nem imposto por nenhuma lei, nenhuma escola o ensina. Surge de maneira natural.

A solicitude instintiva da mãe pelo filho – que também parece ser comum a muitos animais – é decisiva porque dá a entender que, paralelamente à necessidade do bebê de receber o amor que é fundamental à sua sobrevivência, existe uma capacidade inata de dar amor por parte da mãe. É algo tão poderoso que quase permite afirmar a existência de um componente biológico em ação. Alguém objetaria que esse amor recíproco nada mais é do que um mecanismo de sobrevivência. Pode muito bem ser. Mas isso não nega a sua existência. Nem abala minha convicção de que essa necessidade e essa capacidade de amar indicam que somos, de fato, amorosos por natureza.

Se essa afirmação parece improvável, vale lembrar como reagimos de forma diferente à bondade e à violência. Para quase todos nós, a violência é algo que intimida. Ao contrário, quando nos tratam com bondade e gentileza, reagimos com maior confiança. De modo equivalente, consideremos a relação entre a paz – que, como já vimos, é fruto do amor – e a boa saúde. Pelo que posso constatar, a paz e a tranqüilidade são mais condizentes com nosso organismo do que a violência e a agressividade. Todos sabemos que o estresse e a ansiedade causam elevação da pressão sangüínea e outros sintomas negativos. Na medicina tibetana, distúrbios mentais e emocionais são vistos como causas de muitas doenças físicas, inclusive o câncer. Além disso, paz, tranqüilidade e cuidados prestados pelos outros são essenciais na recuperação de doenças. É possível identificar também em todos nós um anseio pela paz. Por quê? Porque a paz está associada à vida e ao crescimento, enquanto a violência sugere apenas morte e calamidades. Essa é a razão por que a idéia de uma Terra Pura, ou Paraíso, nos atrai tanto. Se nos fosse descrito como um lugar onde há guerras e discórdias intermináveis, iríamos preferir permanecer neste mundo.

Reparem, também, no modo como reagimos aos próprios fenômenos naturais. Quando termina o inverno e chega a primavera, os dias tornam-se mais longos, há mais luz do Sol, a relva brota de novo: automaticamente nosso ânimo cresce. Todavia, quando o inverno se aproxima, as folhas das árvores começam a cair e grande parte da vegetação em torno de nós parece morta. Não é de admirar que fiquemos um pouco deprimidos nessa época do ano. O que prova que nossa natureza prefere a vida à morte, o crescimento à decadência, a construção à destruição.

Prestem atenção ainda no comportamento das crianças. Vemos nelas o que é natural ao comportamento humano antes que seja sobrecarregado com idéias aprendidas. Bebês muito novos não sabem realmente distinguir uma pessoa da outra. Dão muito mais importância ao sorriso de quem está diante deles do que a qualquer outra coisa. Quando começam a crescer, não se interessam muito por diferenças de raça, nacionalidade, religião ou antecedentes familiares. Quando encontram outras crianças, não param para discutir essas coisas: começam logo uma atividade muito mais importante, que é brincar. Isso não é só sentimentalismo. Vejo essa realidade sempre que visito um dos povoados de crianças na Europa, onde inúmeras crianças refugiadas tibetanas têm sido educadas desde a década de 1960. Esses povoados foram fundados com o objetivo de cuidar de crianças órfãs vindas de países em guerra. Para grande surpresa geral, descobriu-se que, apesar de suas diferentes origens, elas vivem em completa harmonia entre si.

Mesmo admitindo que todos temos esse potencial de bondade e benevolência, é possível objetar que a tendência da natureza humana é inevitavelmente reservar esse potencial para os mais próximos. Damos preferência a nossas famílias e nossos amigos. Nossos sentimentos de consideração pelos que estão fora desse círculo dependem muito de circunstâncias individuais: é pouco provável que os que se sentem ameaçados demonstrem boa vontade por aqueles que os ameaçam. Tudo isso é verdadeiro. Também não nego que, quando nossa sobrevivência está em risco, nossa capacidade de consideração pelos nossos semelhantes talvez só raramente prevaleça sobre o instinto de sobrevivência. Ainda assim, isso não significa que a capacidade tenha desaparecido, que o potencial não subsista. Até os soldados, depois das batalhas, muitas vezes ajudam seus inimigos a recolher mortos e feridos.

Em todas as minhas observações sobre a essência de nossa natureza, não pretendi insinuar que não existem aspectos negativos. Onde há um estado mental consciente, com certeza o ódio, a ignorância e a violência surgem naturalmente. Embora nossa natureza seja essencialmente inclinada à bondade e à compaixão, todos somos capazes de manifestar crueldade e ódio. É por isso que temos de lutar para melhorar nossa conduta. E é por isso também que compreendemos por que indivíduos criados em ambientes rigorosamente não violentos transformaram-se nos mais horríveis carrascos. Lembro minha visita, há alguns anos, ao Washington Memorial, que presta homenagem aos mártires e heróis do holocausto judeu perpetrado pelos nazistas. O que mais me impressionou no monumento foi o registro simultâneo de diferentes formas de comportamento humano. De um lado está a lista das vítimas de atos de indizível atrocidade. De outro, o monumento recorda os corajosos atos de bondade de famílias cristãs e outras que por vontade própria correram riscos terríveis para abrigar seus irmãos judeus. Achei essa forma de apresentação extremamente adequada e muito necessária: mostra os dois lados do potencial humano.

A existência desse potencial negativo, todavia, não justifica supor que a natureza humana seja inerentemente violenta ou mesmo tenha uma tendência obrigatória para a violência. Talvez uma das razões da popularidade da crença de que a natureza humana é violenta esteja no fato de estarmos todo o tempo expostos às más notícias que nos vêm através dos meios de comunicação. Contudo, a verdadeira causa disso é que, sem dúvida, as boas notícias não são notícia.

Declarar que a natureza humana não é violenta e ainda afirmar que tem uma tendência para o amor e a compaixão, para a bondade, a gentileza, a afeição, a criação, etc. é algo que evidentemente implica um princípio geral que deve, por definição, ser aplicável a todo ser humano. O que dizer, então, daqueles indivíduos cujas vidas aparentemente se voltaram por completo para a violência e a agressão? O último século basta para apresentar vários exemplos óbvios. O que dizer de Hitler e seu plano para exterminar toda a raça judia? E de Stalin e seus *pogroms*? E do presidente Mao, o homem que cheguei a conhecer e admirar, e a bárbara insanidade da Revolução Cultural? E de Pol Pot, que arquitetou os Campos da Morte? E o que dizer daqueles que torturam e matam por prazer?

Tenho de admitir que não encontro uma única explicação que justifique os atos monstruosos dessas pessoas. Entretanto, precisamos levar em conta dois fatores. Primeiro, essas pessoas não surgiram do nada, mas de uma sociedade em especial, em uma ocasião e um lugar específicos. Suas ações precisam ser consideradas de acordo com essas circunstâncias. E, segundo, temos de reconhecer em suas ações o papel desempenhado pela capacidade imaginativa. Seus planos foram e são levados adiante com base em uma visão, se bem que deturpada. A despeito do fato de que nada pode justificar o sofrimento que provocaram, a interpretação que dariam a seus atos ou as intenções positivas que Hitler, Stalin, Mao e Pol Pot poderiam apresentar seriam de que tinham objetivos pelos quais estavam trabalhando. Se examinarmos esses atos, que são exclusivamente humanos e que os animais não podem realizar, concluímos que neles essa capacidade imaginativa tem um papel vital. A própria capacidade em si já é um dom singular. Porém, a maneira como é utilizada determina se os atos concebidos por ela são positivos ou negativos, éticos ou não. A motivação do indivíduo (*kun long*) é, portanto, o fator dominante. E, ao mesmo tempo que uma visão corretamente motivada – a que reconhece nos outros o direito à felicidade e o desejo de viverem livres de sofrimentos – pode fazer maravilhas, aquela que se desliga dos sentimentos humanos fundamentais tem um potencial para a destruição que não deve jamais ser subestimado.

Quanto aos que matam por prazer ou, o que é pior, por nenhum motivo em especial, só podemos conjeturar que se trate de uma profunda submersão do impulso básico que busca consideração e afeto pelos outros. Como já disse, esse impulso pode não estar de todo extinto. A não ser talvez em casos extremos, é possível que até pessoas monstruosas apreciem que lhes demonstrem afeto. A tendência permanece.

Na verdade, o leitor não precisa concordar com minha teoria sobre a boa predisposição da natureza humana para perceber que a capacidade de empatia que a sustenta é de crucial importância quando se trata de ética. Vimos anteriormente que um ato ético é um ato não prejudicial. Mas como determinar se um ato é realmente não prejudicial? Verificamos que, na prática, se somos incapazes de nos comunicar com os outros, se não conseguimos ao menos imaginar o impacto potencial de nossas ações sobre os outros, não temos meios de distinguir entre certo e errado, entre o que é correto e o que não é, entre o que é prejudicial e o que não é. Deduz-se, portanto, que, quanto mais acentuarmos nossa capacidade de empatia – ou seja, nossa sensibilidade para o sofrimento dos outros –, menor será a nossa tolerância para com a visão da dor alheia e maior o nosso empenho em garantir que nenhuma de nossas ações prejudique quem quer que seja.

O fato de realmente sermos capazes de aumentar essa capacidade de empatia torna-se óbvio quando consideramos sua natureza. Nós a experimentamos principalmente sob a forma de sentimento. E, como todos sabemos, podemos não só refrear nossos sentimentos por meio da razão, em maior ou menor escala, como intensificá-los da mesma forma. Nosso desejo por um objeto – talvez um novo carro – intensifica-se quando deixamos que a idéia dê voltas em nossa imaginação. Se, de modo semelhante, direcionamos nossas faculdades mentais para nossos sentimentos de empatia, não só os aumentamos como os transformamos em amor e compaixão.

Nossa inata capacidade de empatia é a fonte da mais preciosa de todas as qualidades humanas, que em tibetano chamamos de *nying je*. Em geral, o termo *nying* é traduzido simplesmente como "compaixão", mas tem uma riqueza de significado que é difícil transmitir de maneira sucinta, embora as idéias que contém sejam compreendidas em qualquer lugar. Tem a conotação de amor, afeição, bondade, gentileza, generosidade de espírito e cordialidade. É também usado para expressar simpatia e carinho. Um outro aspecto é que *nying je* não supõe "pena", "comiseração", como pode ser o caso da palavra "compaixão". Não há nenhuma conotação de condescendência. Pelo contrário, *nying je* exprime um sentimento de ligação com os outros, refletindo suas origens na empatia. Somos capazes de dizer "Gosto de minha casa" ou "Tenho grande afeição por esse lugar", mas não podemos dizer "Tenho compaixão" por essas coisas. Como os objetos não têm sentimentos, não podemos ter empatia com eles e, portanto, não podemos dizer que temos compaixão por eles.

Essa explicação deixa claro que *nying je*, ou amor e compaixão, é compreendido como uma emoção. Porém, pertence à categoria de emoções que possuem um elemento cognitivo mais desenvolvido. Algumas emoções, como a repulsa que costumamos sentir ao ver sangue, são basicamente instintivas. Outras, como o medo da pobreza, possuem esse componente cognitivo mais desenvolvido. Deve-se portanto compreender *nying je* como uma combinação de empatia e razão. Podemos pensar em empatia como a característica de uma pessoa muito honesta, e em razão como a de alguém que é muito prático. Quando se juntam as duas coisas, a combinação é das mais eficazes. Sendo assim, *nying je* é bastante diferente daqueles sentimentos casuais, como a raiva e a luxúria, que, longe de nos trazerem felicidade, só nos perturbam e destroem nossa paz de espírito.

Para mim, tudo isso mostra que, se refletirmos sempre e procurarmos nos familiarizar com a idéia de compaixão, se a praticarmos e exercitarmos, poderemos desenvolver nossa capacidade inata para estabelecer contato com os outros, o que é de suprema importância para a abordagem à ética que apresentei. Quanto mais desenvolvermos o sentimento de compaixão, mais genuinamente ética será a nossa conduta.

Como já foi visto, quando nossos atos são pautados pela consideração pelos outros, nosso comportamento para com eles é sempre positivo. Porque não há lugar para desconfianças e reservas quando nossos corações estão cheios de amor. É como se uma porta interior se abrisse e nos permitisse alcançá-los. Ter consideração pelos outros é o que faz cair a barreira que impede a interação saudável com o próximo. E não apenas isso. Quando nossas intenções para com os outros são boas, verificamos que diminui muito qualquer timidez ou insegurança de nossa parte. À medida que somos capazes de abrir essa porta interior, sentimos que nos libertamos de nossa preocupação habitual com nosso próprio eu. Paradoxalmente, constatamos que isso dá margem a uma forte sensação de confiança. Portanto, se posso citar minha própria experiência, vejo que, cada vez que encontro gente nova e tenho essa disposição positiva, não há barreiras entre nós. Não importa quem ou o que seja, se tem cabelos louros ou pintados de verde, sinto que estou apenas encontrando um semelhante com o mesmo desejo de ser feliz e não sofrer que eu tenho. E descubro que posso falar com ele como se fôssemos velhos amigos, mesmo sendo nosso primeiro encontro. Tendo em mente que, em última análise, somos todos irmãos e irmãs, que não há nenhuma diferença substancial entre nós, que, como eu, todos os outros também querem ser felizes e não sofrer, posso expressar meus sentimentos e opiniões com tanta espontaneidade quanto faria com alguém que conhecesse intimamente há anos. E não apenas com algumas poucas palavras ou gestos simpáticos, mas realmente de coração aberto, sem fazer caso da barreira da língua.

Descobrimos ainda algo mais quando agimos movidos pela consideração pelos outros: a paz que isso cria em nossos corações é transmitida para todos aqueles com quem nos relacionamos. Trazemos paz à família, paz aos nossos amigos, ao ambiente de trabalho, à comunidade e, assim, ao mundo. Por que, então, não nos empenharmos em desenvolver essa qualidade? Pode haver algo mais sublime do que aquilo que traz felicidade e paz para todos? De minha parte, penso que só a inclinação que todos nós temos para o amor e a compaixão já é em si um dos dons mais preciosos a serem explorados.

Inversamente, nem mesmo o mais cético dos leitores imaginaria que, sob qualquer pretexto, a paz possa resultar de um tipo de comportamento agressivo e desrespeitoso, ou seja, antiético. Não há possibilidade. Lembro até hoje como aprendi essa lição quando era bem pequeno, no Tibet. Um de meus acompanhantes, Kenrab Tenzin, tinha um papagaio que ele costumava alimentar com nozes. Apesar de ser um homem bastante carrancudo, com olhos protuberantes e um aspecto meio ameaçador, bastava que o papagaio ouvisse o som de seus passos ou o de sua tosse para mostrar sinais de animação. Enquanto o pássaro beliscava a comida em seus dedos, Kenrab Tenzin coçava-lhe a cabeça, o que parecia levar a pequena ave a um estado de êxtase. Eu invejava muito aquele relacionamento entre os dois e queria que o papagaio me demonstrasse a mesma amizade. Mas, nas poucas ocasiões em que tentei dar-lhe comida, a reação não foi das melhores. Então, comecei a cutucá-lo com uma vareta para ver se conseguia o que desejava. É desnecessário dizer que o resultado foi totalmente negativo. Em vez de forçá-lo a se comportar melhor comigo, assustei-o. Destruí por completo qualquer remota possibilidade de estabelecer uma relação amigável com ele. Aprendi ainda pequeno que as amizades não surgem da intimidação, mas da bondade e da delicadeza.

Todas as grandes tradições religiosas do mundo atribuem papel primordial ao desenvolvimento da compaixão. Por ser ao mesmo tempo a fonte e o resultado da paciência, da tolerância, da capacidade de perdoar e de todas as boas qualidades, considera-se que a sua importância abrange todo o processo da prática espiritual. Contudo, mesmo sem uma perspectiva espiritual, a compaixão e o amor são fundamentais para todos. Partindo da premissa básica de que a conduta ética consiste em não fazer mal às pessoas, conclui-se que é necessário levar em consideração os sentimentos dos outros, e a base disso é a nossa capacidade inata de empatia. À medida que transformamos essa capacidade em amor e compaixão, precavendo-nos contra os obstáculos e cultivando os elementos favoráveis ao processo, nossa prática da ética se desenvolve. E todos ganhamos em qualidade de vida e em felicidade – os outros e nós.

PARTE II
Ética e o indivíduo

Capítulo 6

A ética da contenção

Para desenvolver o sentimento de compaixão do qual depende a felicidade é necessário, por um lado, eliminar ou conter os fatores que inibem a compaixão e, por outro, cultivar as qualidades que a estimulam. Como vimos, essas qualidades são, entre outras, amor, paciência, tolerância, capacidade de perdoar, humildade. O que inibe a compaixão é a falta de contenção interior que já identificamos como a origem de toda conduta antiética. Transformando nossos hábitos e nossa índole, começamos a aperfeiçoar o nosso estado geral de coração e mente (*kun long*) do qual derivam todas as nossas ações.

A primeira coisa, então – porque as qualidades espirituais que levam à compaixão acarretam necessariamente uma conduta ética positiva –, é cultivar o hábito de uma disciplina interior. Não nego que seja uma tarefa e tanto, mas pelo menos já conhecemos esse princípio. Por exemplo, sabendo de seu potencial destrutivo, procuramos nos abster e manter nossas crianças afastadas do uso das drogas. Porém, é importante reconhecer que não basta suprimir nossas emoções e nossos pensamentos negativos para refrear a reação a eles: é indispensável decifrar a sua natureza destrutiva. Ouvir dizer que a inveja, uma emoção muito poderosa e destrutiva, é negativa não basta para desenvolvermos uma forte defesa contra ela. Se organizamos nossa vida externamente, mas ignoramos sua dimensão interior, é inevitável que cresçam as dúvidas, ansiedades e outras aflições, e a felicidade nos escape. Porque, ao contrário da disciplina física, a verdadeira disciplina interior – ou disciplina espiritual – não se consegue por imposição, mas somente através do esforço voluntário e deliberado. Em outras palavras, agir eticamente não é uma mera obediência a leis e preceitos.

A mente indisciplinada é como um elefante que, sem controle, andando às tontas, pode fazer grandes estragos. Pois os danos e sofrimentos que nos acometem quando deixamos de controlar os impulsos negativos da mente superam de longe os prejuízos que um elefante pode causar. Esses impulsos não só provocam a destruição das coisas materiais como podem ser a origem de sofrimentos prolongados para os outros e para nós mesmos. O que não quer dizer que a mente (*lo*) seja inerentemente destrutiva. Sob a influência de uma emoção ou um pensamento fortemente negativos, pode parecer que a mente assume uma única qualidade. Mas se, por acaso, a hostilidade fosse uma característica permanente da consciência, esta deveria ser sempre hostil, o que não é verdade. É preciso fazer a distinção entre a consciência como tal e os pensamentos e emoções que ela experimenta.

Da mesma forma, há ocasiões em que somos dominados por certas experiências muito intensas que, mais tarde, quando as recordamos, não nos abalam mais. Quando eu era muito jovem, ao perceber que o ano ia terminando, costumava ficar altamente excitado diante da perspectiva do *Monlam Chenmo*, o Grande Festival de Orações que assinalava o início do ano-novo tibetano. Na posição de Dalai-Lama, eu tinha um papel importante a desempenhar e precisava deslocar-me do Potala, o palácio de inverno dos Dalai-Lamas, para um conjunto de aposentos no templo de Jokhang, um dos santuários mais veneráveis do Tibet. À medida que o dia se aproximava, passava cada vez mais tempo em devaneios sobre aquele dia, ao mesmo tempo apavorado e exultante, e estudando cada vez menos. Meu pavor era causado pela longa recitação que tinha de fazer de memória durante a cerimônia principal e minha animação vinha da idéia de passar pela imensa multidão de peregrinos e comerciantes que se aglomerava na praça do mercado defronte ao conjunto de templos. Na época, eu sentia intensamente tanto a excitação quanto o pavor, mas hoje chego até a achar graça dessas lembranças. Já estou bastante habituado às multidões e, depois de muitos anos de prática, a recitação não me perturba mais.

Podemos conceber a natureza da mente comparando-a com a água de um lago. Quando uma tempestade agita a água, o lodo do fundo faz com que a água fique turva, parecendo opaca. Mas, por natureza, a água não é suja. Quando a tormenta passa, o lodo acomoda-se novamente no fundo e a água volta a ficar clara. Portanto, ainda que se possa ver a mente, ou a consciência, como uma entidade inerentemente imutável, uma reflexão mais profunda traz a constatação de que ela consiste em todo um espectro de acontecimentos e experiências. Isso inclui nossa percepção sensorial, relacionada diretamente a objetos, e nossos pensamentos e sentimentos, intermediados pela linguagem e pelos conceitos. A mente também é dinâmica: podemos efetuar mudanças em nossos estados mental e emocional através de um esforço deliberado. Sabemos, por exemplo, como o apoio e a solidariedade podem ajudar a dissipar o medo. E percebemos que certos tipos de aconselhamento e terapia que proporcionam maior clareza mental, combinados à solicitude e ao afeto, podem colaborar para diminuir a depressão.

A constatação de que emoção e consciência não são a mesma coisa mostra que não temos de ser forçosamente controlados pela emoção. Antes de cada uma de nossas ações é preciso que haja um espaço para avaliarmos as alternativas e escolher com liberdade a melhor maneira de atuar. É evidente que, enquanto não aprendermos a disciplinar nossas mentes, teremos dificuldade para exercer essa liberdade. E é a maneira como reagimos aos acontecimentos e experiências que determina o conteúdo moral de nossos atos. Em poucas palavras, isso significa que nossos atos serão éticos se reagirmos positivamente, visando ao bem da coletividade e não aos nossos interesses pessoais e exclusivos. Se reagirmos negativamente, negligenciando os outros, nossos atos serão antiéticos.

De acordo com essa visão, podemos pensar na mente ou na consciência como um presidente ou monarca que é muito honesto e puro e em nossos pensamentos e emoções como ministros de Estado. Uns dão bons conselhos, outros dão maus. Alguns têm o bem-estar dos outros como seu objetivo principal, outros têm apenas seus próprios interesses. A responsabilidade da consciência – do líder – é determinar quais são os subordinados que dão bons conselhos e quais os que dão os maus, quais são confiáveis e quais não são, e agir segundo a orientação de um dos lados, rejeitando a do outro.

Os episódios mentais e emocionais que, nesse sentido, dão maus conselhos podem ser descritos como uma forma de sofrimento. De fato, quando permitimos que eles se desenvolvam em um grau significativo, a mente fica sobrecarregada de emoção e experimentamos uma espécie de turbulência interna. Isso também tem uma dimensão física. Num momento de raiva, por exemplo, nosso equilíbrio habitual sofre uma perturbação tão intensa que chega a ser percebida por quem está perto de nós. Todos sabemos como a atmosfera de uma casa pode ficar pesada quando apenas um membro da família está de mau humor. Quando ficamos dominados pela raiva, até os animais tendem a nos evitar. Às vezes essa turbulência é tão forte que temos grande dificuldade para contê-la. Isso pode levar-nos a agredir os outros, exteriorizando nosso conflito interior.

Nem todos os sentimentos ou emoções que nos causam desconforto, porém, são necessariamente negativos. O atributo primário que distingue as emoções comuns daquelas que minam a paz é o componente negativo que lhe acrescentamos. Um momento de tristeza não se converte em dor paralisante a menos que nos agarremos a ele e lhe acrescentemos pensamentos e fantasias negativos. No caso da excitação que eu sentia com relação ao encontro com aquela multidão de peregrinos e do medo que tinha da longa recitação, havia um componente somado ao sentimento básico. Em meus repetidos devaneios diários, minha imaginação acrescentava algo que ia além da realidade da situação. As histórias que eu contava para mim mesmo a respeito do futuro acontecimento eram o que perturbava minha serenidade fundamental.

Nem todos os medos são como o medo infantil que acabei de descrever. Há ocasiões em que sentimos um tipo de medo mais racional. Longe de ser negativo, pode na verdade até ser útil. Pode aumentar nossa atenção e fornecer a energia de que precisamos para nos proteger. Na primeira noite de minha fuga de Lhasa, em 1959, quando saí de casa vestido de soldado, foi esse o tipo de medo que senti. Entretanto, talvez por não ter tido tempo ou vontade de pensar a respeito, o medo não me perturbou muito. Seu efeito principal foi deixar-me muito alerta e cauteloso. Poderíamos dizer que, nesse caso, o medo não só era justificado como foi muito útil.

O medo que sentimos com relação a uma situação delicada ou crítica também pode ser justificado. Refiro-me aqui ao que sentimos quando temos de tomar uma decisão que terá um impacto significativo sobre a vida de outras pessoas. Um medo assim pode ser desnorteante. O mais perigoso e negativo, porém, é o medo totalmente irracional que nos domina e paralisa por completo.

Em tibetano, chamamos essas experiências emocionais negativas de *nyong mong*, que significa literalmente "o que aflige vindo de dentro", ou, como a expressão costuma ser traduzida, "emoção aflitiva". Segundo essa concepção, todos os pensamentos, emoções e experiências mentais que refletem um estado de espírito (*kun long*) negativo ou desprovido de compaixão abalam inevitavelmente nossa paz interior. Todos os pensamentos e emoções negativos – como o ódio, a raiva, o orgulho, a luxúria, a ganância, a inveja – têm um teor de aflição, de inquietação. Essas emoções aflitivas são tão fortes que, quando não se faz nada para detê-las, são capazes de levar uma pessoa ao suicídio ou à loucura. Entretanto, pelo fato de esses extremos não serem comuns, costumamos encarar as emoções negativas como uma parte integrante de nossa mente a respeito da qual não podemos fazer muita coisa. Mas, se não reconhecermos seu potencial destrutivo, não veremos necessidade de enfrentá-las. Na verdade, pelo contrário, chegaremos a alimentá-las e estimulá-las, o que lhes dará espaço para crescer. E, no entanto, como veremos, sua natureza é inteiramente destrutiva. São a verdadeira origem da conduta antiética. São também a base da ansiedade, da depressão, da confusão mental e do estresse, traços tão característicos da vida de hoje.

As emoções e os pensamentos negativos são obstáculos à nossa aspiração mais elementar: ser feliz e evitar o sofrimento. Quando agimos sob sua influência, esquecemos o impacto que nossas ações têm sobre os outros – são, portanto, a causa de nosso comportamento destrutivo, não só com relação aos outros como a nós mesmos. Crimes, escândalos e fraudes, todos têm como origem uma emoção aflitiva. É por isso que afirmo que a mente indisciplinada – ou seja, a mente que está sob a influência de sentimentos como a raiva, o ódio, a ganância, o orgulho, o egoísmo – é a fonte de todos os problemas que não pertencem à categoria de sofrimentos inevitáveis, como a doença e a morte. Quando não controlamos nossa reação às emoções aflitivas, abrimos uma porta para o sofrimento – nosso e dos outros.

Dizer que também sofremos quando causamos sofrimento aos outros não deve nos fazer concluir que cada vez que agredirmos alguém seremos agredidos de volta. O que quero afirmar é muito mais profundo. Quero dizer que o impacto de nossas ações, tanto positivas quanto negativas, fica registrado no fundo de nós mesmos. Se é verdade que, em um determinado plano, todos temos a capacidade de empatia, esse potencial precisa ser de alguma forma sobrepujado ou submerso para que uma pessoa cause mal a outra. Como no caso de uma pessoa que tortura cruelmente alguém. Sua mente (*lo*), em seu plano consciente, precisa estar fortemente dominada por algum tipo pernicioso de pensamento ou ideologia que a faça acreditar que sua vítima merece tal tratamento. Essa convicção – que até certo ponto deve ter sido deliberadamente escolhida – é o que faz a pessoa cruel reprimir seus sentimentos. Ainda assim, no fundo, aquela ação certamente causa algum efeito. A longo prazo, há uma grande probabilidade de o torturador sentir desconforto. Nesse contexto, consideremos o exemplo que examinamos antes, o de ditadores impiedosos como Hitler e Stalin. Ao que tudo indica, no fim da vida, tornaram-se solitários, ansiosos, cheios de temores e suspeitas, como corvos assustados pela própria sombra.

É claro que o número de pessoas que chega a esses extremos de crueldade é muito pequeno. Mas há ações negativas menos importantes cujo impacto é muito mais sutil. Para um exemplo menos extremo da maneira como as ações negativas afetam os outros e nós mesmos, pensem em uma criança que sai para brincar e briga com outra criança. No primeiro momento, a criança vitoriosa pode experimentar uma sensação de satisfação. Ao voltar para casa, essa sensação diminui e manifesta-se outro estado de espírito mais sutil: um certo desconforto. Poderíamos até defini-lo como uma espécie de alienação do eu: a pessoa se sente "fora dos eixos". Já a criança que sai para brincar e passa uma tarde agradável com seus companheiros sentirá não só uma imediata satisfação como também, ao voltar para casa e a excitação se dissipar, uma sensação de calma e bem-estar.

Outro exemplo revelador da influência das ações negativas está relacionado à reputação. Em geral, todo ser humano – e, ao que parece, todo animal também – detesta maldade, agressividade, trapaça, e assim por diante. Quem se envolve em atividades que causam dano aos outros talvez obtenha uma satisfação temporária de seus atos, mas passa a ser malvisto, encarado com apreensão, nervosismo e suspeita por causa de sua má reputação. E acaba sem amigos. Uma boa reputação também é uma fonte de felicidade.

Com raras exceções, os que vivem uma vida de egoísmo, sem consideração pelo bem-estar dos outros, costumam ser muito solitários e infelizes. Podem estar cercados de pessoas que são amigas de sua riqueza ou posição, mas, assim que eles enfrentam qualquer tragédia pessoal ou perdem o prestígio, seus supostos amigos não só desaparecem como às vezes até se regozijam secretamente. Essas pessoas não costumam ser lembradas depois que morrem. Em certos casos, sua morte pode até alegrar os que ficam, como deve ter acontecido com os sobreviventes dos campos de extermínio nazistas ao saberem da subseqüente execução de seus captores. E vale o contrário. Os que se ocupam ativamente do bem-estar alheio são respeitados e até venerados. Sua morte é lamentada e sua vida é lembrada. Como a do Mahatma Gandhi. Recebeu uma educação ocidental que lhe permitiria levar uma vida confortável e tranqüila, mas optou, por consideração aos seus semelhantes, por viver na Índia quase como um mendigo para devotar-se ao trabalho de sua vida. Seu nome hoje é uma lembrança e milhões de pessoas ainda tiram conforto e inspiração da nobreza de seus atos.

No que se refere às causas das emoções aflitivas, podemos assinalar vários fatores diferentes. Entre eles o hábito que todos temos de pensar primeiro em nós mesmos. E também nossa tendência para projetar características em coisas e acontecimentos, distorcendo a realidade: confundir, por exemplo, uma corda enrolada com uma cobra. Além disso, como nossos pensamentos e emoções negativos não existem independentemente de outros fenômenos, os próprios objetos e acontecimentos com os quais entramos em contato podem provocar nossas reações. Qualquer coisa é capaz de desencadeá-las. Tudo pode ser uma fonte de emoção aflitiva – não só nossos adversários como também nossos amigos, nossos bens mais valiosos e até nós mesmos.

Por isso, o primeiro passo para combater nossos pensamentos e emoções negativos é evitar as situações e atividades que normalmente dariam margem a eles. Se, por exemplo, alguém verifica que se zanga sempre que encontra determinada pessoa, o melhor é manter-se longe dela até desenvolver mais seus recursos internos. O segundo passo é evitar as condições que levam a esses fortes pensamentos e emoções negativos. Isso pressupõe que tenhamos aprendido a reconhecer as emoções aflitivas quando elas surgem em nós. O que nem sempre é fácil. Enquanto é muito fácil reconhecer o ódio quando ele atinge o auge, seus estágios iniciais, como a aversão relacionada a alguma coisa ou a algum acontecimento, podem ser bastante sutis. E, mesmo em seus estágios mais avançados de desenvolvimento, as emoções aflitivas nem sempre se manifestam de forma dramática. O assassino pode estar relativamente calmo no momento em que puxa o gatilho.

Precisamos estar atentos ao nosso corpo e a suas ações, à nossa fala e ao que dizemos, aos nossos corações e mentes, ao que pensamos e sentimos. Temos de ficar atentos ao mais leve sinal de negatividade e perguntar-nos sempre: "Sou mais feliz quando meus pensamentos e emoções são negativos e destrutivos ou quando são positivos?", "Qual é a natureza da consciência? Ela existe em si e por si ou sua existência depende de outros fatores?" Precisamos pensar, pensar, pensar. Devemos ser como o cientista que coleta dados, analisa-os para tirar a melhor conclusão possível. Conhecer a fundo a própria negatividade é tarefa para uma vida inteira, e somos capazes de um aprimoramento quase infinito. Se não assumirmos essa tarefa, porém, seremos incapazes de descobrir onde fazer as mudanças necessárias para a felicidade em nossas vidas.

Se cada um de nós gastasse uma fração do tempo e do esforço que consome em atividades banais – tagarelice à toa e coisas assim – para refletir profundamente sobre essas emoções aflitivas, creio que o impacto em nossa qualidade de vida seria imenso. Tanto as pessoas próximas de nós quanto a sociedade como um todo se beneficiariam. Uma das primeiras coisas que constataríamos seria o poder de destruição das emoções aflitivas. E cada vez menos nos deixaríamos levar por elas.

Pois as emoções e os pensamentos negativos não destroem apenas nossa sensação de paz, eles também prejudicam a nossa saúde. Na medicina tibetana, a raiva é considerada uma das causas principais de muitas doenças, como as associadas à pressão alta, à insônia e aos processos degenerativos – um conceito que tem tido uma aceitação crescente na medicina alopática.

Outra lembrança de infância ilustra como as emoções aflitivas nos fazem mal. Quando eu era adolescente, um dos meus passatempos favoritos era tentar consertar os carros velhos que meu antecessor, o décimo terceiro Dalai-Lama, comprara pouco antes de morrer em 1933. Havia quatro deles: dois Austin pequenos fabricados na Inglaterra, um Dodge e um jipe em pandarecos, ambos americanos. Eram praticamente os únicos veículos motorizados no Tibet. Para o jovem Dalai-Lama, aquelas relíquias empoeiradas eram uma atração irresistível e eu ansiava vê-las andando outra vez.

Meu sonho secreto, na verdade, era aprender a dirigir. Mas foi só depois de muito insistir com diversos funcionários do governo que finalmente consegui encontrar alguém que sabia alguma coisa a respeito de carros. Seu nome era Lhakpa Tsering, e vinha de Kalimpong, uma cidade próxima à fronteira da Índia. Um dia, ele estava trabalhando no motor de um dos carros quando, ao deixar cair sua chave inglesa, gritou uma praga e levantou-se com ímpeto. Infelizmente, tinha deixado o capô aberto e bateu com a cabeça nele, fazendo um barulho terrível. Então, para minha grande surpresa, em vez de sair com cuidado, ficou mais enfurecido e, levantando o corpo de novo, bateu com a cabeça com mais força ainda uma segunda vez. Por alguns instantes, fiquei espantado com aquele absurdo. Depois, não conseguia parar de rir.

A explosão de Lhakpa Tsering resultou em nada mais sério do que dois grandes galos na cabeça. Foi apenas desagradável para ele. Mas, com isso, vemos como uma emoção negativa é capaz de destruir uma das nossas mais valiosas qualidades: a capacidade de discernimento. Quando perdemos a capacidade de julgar o que é certo e o que é errado, de distinguir entre um benefício duradouro e uma vantagem apenas temporária para nós e para os outros, ou de avaliar qual será o provável resultado de nossas ações, nos igualamos aos animais. Não é de espantar que, sob tal influência, façamos coisas que em condições normais jamais sonharíamos fazer.

A perda de nossas faculdades críticas revela uma outra característica negativa desse tipo de experiência mental e emocional. As emoções aflitivas nos decepcionam. Parecem oferecer satisfação, mas não o fazem. Surgem, como se fossem uma proteção, para nos dar audácia e força, mas constatamos mais tarde que essa é uma energia essencialmente cega. As decisões tomadas sob sua influência são em geral motivo de arrependimento. Na maioria das vezes essas explosões são na verdade uma demonstração de fraqueza, não de força. Basta ver as discussões acaloradas em que a argumentação se deteriora a ponto de uma das pessoas tornar-se verbalmente agressiva, um sinal claro da fragilidade de sua posição. Não precisamos de raiva para criar coragem e confiança. Como veremos adiante, há outros meios para isso.

A emoção aflitiva também tem uma dimensão irracional. Faz-nos supor que as aparências são invariavelmente proporcionais à realidade. Quando estamos com raiva ou sentimos ódio, nossa tendência é olharmos para os outros como se todas as suas características fossem imutáveis. Uma pessoa pode nos parecer censurável do topo da cabeça até a ponta dos pés. Esquecemos que é igual a nós, com desejos e medos. E, no fundo, o bom senso nos diz que aquela pessoa vai nos parecer melhor assim que nossa raiva diminuir. O mesmo acontece quando a situação se inverte e alguém se encanta com outra pessoa, que lhe parece totalmente desejável até a emoção aflitiva perder força e o outro não parecer mais tão perfeito. Quando nossas paixões irrompem dessa forma, há grande perigo de se deslocarem para o extremo oposto. Aquele que hoje é idolatrado passa a ser desprezível e detestável, embora continue sendo a mesma pessoa.

As emoções aflitivas também são inúteis. Quanto mais cedemos a elas, menos espaço sobra para nossas boas qualidades – para a bondade e a compaixão – e menos capacidade para resolver nossos problemas. Em nenhuma circunstância essas emoções e pensamentos perturbadores servem para qualquer coisa, tanto para nós quanto para os outros. Quanto mais zangados estamos, mais as pessoas nos evitam.

Quanto mais desconfiados ficamos, mais solitários, porque todos nos abandonam. Quanto mais lascivos, menor a possibilidade de estabelecer relacionamentos sadios e, outra vez, mais solidão. Basta observar as pessoas cujas atividades são guiadas principalmente por emoções aflitivas, ou, em outras palavras, por preferências e aversões ignóbeis, como a ganância, a ambição inescrupulosa, a arrogância. Pessoas assim podem se tornar muito poderosas ou muito famosas. Seu nome pode até ficar na história. Mas, depois que morrem, seu poder se esvai e sua fama passa a ser apenas uma palavra vazia. O que então conseguiram de fato?

A inutilidade das emoções aflitivas fica ainda mais evidente no caso da raiva, da cólera. Quando estamos encolerizados, não sentimos compaixão, amor, generosidade, vontade de perdoar, tolerância ou paciência. E assim nos privamos de tudo em que consiste a felicidade. A raiva não só destrói nossa capacidade de discernimento, como abre caminho para a fúria, o rancor, o ódio e a perversidade, todos eles negativos porque são causas diretas de danos aos outros. A cólera faz sofrer. E, no mínimo, causa o desconforto do constrangimento. Por exemplo, sempre gostei de consertar relógios de pulso. Mas lembro-me de diversas ocasiões em que, quando menino, perdi completamente a paciência com aquelas peças diminutas e complicadas e atirei o mecanismo do relógio na mesa, despedaçando-o. É claro que, mais tarde, ficava muito arrependido e envergonhado da minha atitude, sobretudo em certa ocasião em que tive de devolver o relógio para o dono em condições piores do que se encontrava antes.

A história, por banal que seja, também ilustra o fato de que podemos ter confortos materiais em abundância – boa comida, uma casa confortável e bem-aparelhada – e ainda assim perder a paz interior num acesso de raiva. Acabamos não saboreando nem mesmo um café da manhã. E quando essas crises passam a ser habituais, mesmo se formos cultos, ricos ou poderosos, as pessoas simplesmente se afastam de nós. Dizem: "Ah, sim, ele é muito inteligente, mas é grosseiro demais." Ou então: "Ela é extremamente talentosa, mas se irrita com muita facilidade, tome cuidado com ela." Como diante de um cão que está sempre rosnando e mostrando os dentes, somos cautelosos com aqueles cujos corações estão perturbados pela raiva. Preferimos desistir de sua companhia a correr o risco de enfrentar uma explosão.

Não nego que, tal como no caso do medo, exista uma espécie de raiva produtiva, que nos vem como uma onda de energia ante determinadas situações. É admissível que esse tipo de raiva tenha conseqüências positivas. Pode-se conceber a raiva e a indignação diante de uma injustiça, levando alguém a agir de maneira altruística. A raiva que nos faz correr em socorro de alguém que está sendo atacado na rua pode ser caracterizada como positiva. Porém, quando a raiva se torna pessoal e se transforma em vingança ou perversidade, então surge o perigo. Quando nós mesmos fazemos algo negativo, somos capazes de distinguir entre a nossa pessoa e o ato negativo. Mas, quando se trata dos outros, em geral não conseguimos fazer essa distinção. O que mostra que não se deve confiar nem mesmo na raiva justificada.

Se parece exagero afirmar que a raiva é uma emoção inteiramente inútil, será que alguém já ouviu falar que ter raiva torna alguém feliz? Ninguém. Que médico prescreve a raiva como tratamento para alguma doença? Nenhum. A raiva só nos fere. Não há nada que a recomende. Pergunte a si mesmo: quando está com raiva, você fica mais feliz? Sua mente se acalma e seu corpo relaxa? Ou é o contrário, seu corpo fica tenso e a mente agitada?

Se a questão é manter nossa paz de espírito e, conseqüentemente, nossa felicidade, concluímos que, além de ser importante tomar consciência de nossas emoções e nossos pensamentos negativos, precisamos cultivar o firme hábito de nos contermos ao reagir a eles. As emoções e os pensamentos negativos são o que nos faz agir de modo antiético. Além disso, tendo em vista que a emoção aflitiva é também a fonte de nosso sofrimento interior – por gerar frustração, confusão, insegurança, ansiedade e até a perda de respeito próprio que corroem a autoconfiança –, deixar de controlá-la será permanecer em estado de perpétuo desconforto mental e emocional. A paz interior será impossível. Em vez de felicidade, haverá insegurança. A ansiedade e a depressão estarão sempre nos rondando.

Algumas pessoas acham que, embora o ideal seja reprimir esses sentimentos de intenso rancor que podem levar à violência e até ao crime, corre-se o risco de perder a independência quando se contêm as emoções e se investe em disciplinar a mente. Na realidade, o oposto é que é verdadeiro. Assim como o amor e a compaixão, a raiva e a emoção aflitiva nunca se esgotam. Ao contrário, tendem a aumentar, como a água de um rio no verão quando a neve se derrete, e de tal maneira que, em vez de independentes, nossas mentes ficam escravizadas e indefesas sob seu domínio. Quem se entrega a emoções e pensamentos negativos inevitavelmente se acostuma com eles. E o resultado é ficar cada vez mais propenso à sua irrupção e ser cada vez mais controlado por eles. Torna-se escrava deles. A pessoa se habitua a explodir sempre que enfrenta circunstâncias desagradáveis.

A paz interior – que é a principal característica da felicidade – e a raiva não podem coexistir sem que uma arruíne a outra. Na verdade, as emoções e os pensamentos negativos arruínam as próprias causas da paz e da felicidade. Não há lógica em buscar felicidade se não se faz nada para conter sentimentos de cólera, rancor e agressividade. Quando estamos encolerizados, quase sempre usamos palavras ásperas que põem em risco os relacionamentos pessoais. E como a felicidade surge dentro do contexto de nosso relacionamento com os outros, prejudicamos uma das condições fundamentais para conquistá-la.

Reprimir a raiva e nossos pensamentos e emoções negativos não significa negar nossos sentimentos. Há uma importante distinção a ser feita entre negação e contenção. A contenção consiste em adotar deliberadamente o hábito de avaliar as vantagens em agir desse modo. É muito diferente de alguém reprimir emoções como a raiva porque acha necessário demonstrar autocontrole ou por receio do que os outros possam pensar. Tal comportamento equivale a cobrir uma ferida que ainda está infectada. Mais uma vez não se trata aqui de seguir regras. Quando a pessoa nega ou reprime suas emoções indiscriminadamente, corre o risco de acumular rancores e ressentimentos. E, no futuro, pode chegar a um ponto em que descobre não ser mais possível reprimir esses sentimentos. Então explode, sem controle e sem liberdade.

Em suma, existem pensamentos e emoções que convém e até se deve expressar abertamente – mesmo negativos –, sendo que há maneiras mais ou menos adequadas de fazê-lo. É muito melhor enfrentar uma situação ou uma pessoa do que esconder a raiva, remoê-la e cultivar ressentimentos no coração. Entretanto, se expressamos indiscriminadamente pensamentos e emoções negativos sob o pretexto de que precisam ser formulados, há uma forte possibilidade, por todas as razões citadas, de perda do controle e uma reação exagerada. Sendo assim, é imprescindível ter critério, não só quanto aos sentimentos que se expressam como à maneira como são expressos.

No meu entender, a felicidade genuína caracteriza-se pela paz interior e surge dentro do contexto de nossos relacionamentos com os outros. Portanto, depende de uma conduta ética. O que, por sua vez, consiste em atos que levem em conta o bem-estar dos outros. O nosso grande obstáculo a esse tipo de conduta é a emoção aflitiva. Se quisermos ser felizes, precisamos então controlar nossas reações aos pensamentos e emoções negativos. É o que quero dizer quando me refiro à necessidade de domar o elefante bravio que é a mente indisciplinada. Quando deixamos de conter nossas reações às emoções aflitivas, nossas ações tornam-se antiéticas e obstruem os canais de nossa felicidade. Não estamos falando de budismo, não estamos falando de alcançar a união com Deus. Estamos apenas reconhecendo o fato de que nossos interesses e nossa felicidade futura estão intimamente ligados aos dos outros e tentamos aprender a agir de acordo com isso.

Capítulo 7

A ética da virtude

Sugeri anteriormente que, se quisermos ter uma felicidade genuína, a contenção interior é indispensável. Todavia, não se pode parar por aí. Apesar de nos impedir de cometer atos flagrantemente negativos, a contenção sozinha é insuficiente para alcançarmos a felicidade que se caracteriza pela paz interior. Para que nos transformemos, modificando nossos hábitos e nossa índole de modo que nossas ações expressem compaixão, é necessário desenvolver o que se pode chamar de uma *ética da virtude*. Além de evitar os pensamentos e emoções negativos, precisamos cultivar e reforçar nossas qualidades positivas. Quais são essas qualidades positivas? Nossas qualidades humanas, ou espirituais, básicas, como amor e compaixão, paciência, tolerância, humildade.

Depois da compaixão (*nying je*), a principal delas é a que chamamos em tibetano de *sö pa*. Mais uma vez, temos aqui uma expressão que parece não ter nenhuma equivalente disponível em outras línguas, embora as idéias que transmite sejam universais. Muitas vezes, *sö pa* é traduzida simplesmente como "paciência", apesar de seu sentido literal ser "capaz de suportar" ou "capaz de resistir". Contudo, *sö pa* também encerra uma noção de resolução, de coragem. Portanto, exprime uma reação deliberada (ao contrário de uma reação impensada) aos fortes pensamentos e emoções que costumam surgir quando algo de mal nos acontece. Sendo assim, *sö pa* é o que nos dá forças para resistir ao sofrimento e nos ajuda a não perder a compaixão, mesmo por aqueles que nos fazem mal.

Tudo isso me faz lembrar o exemplo de Lopon-la, um monge de Namgyal, o mosteiro dos Dalai-Lamas. Depois da minha fuga do Tibet, Lopon-la foi um dos muitos milhares de monges e funcionários aprisionados pelas forças de ocupação. Quando finalmente o libertaram, permitiram-lhe que viesse para a Índia e ele voltou para seu antigo mosteiro. Mais de vinte anos depois de vê-lo pela última vez, encontrei quase o mesmo Lopon-la de que me lembrava. Estava mais velho, é claro, mas não mudara fisicamente, e mentalmente as provações não o tinham de modo algum afetado. Sua delicadeza e sua serenidade permaneciam intocadas. Nossa conversa revelou, todavia, que ele fora tratado com extrema crueldade durante aqueles longos anos na prisão. Junto com todos os outros, fora submetido a uma "reeducação", tendo sido forçado a condenar sua religião e, em muitas ocasiões, também foi torturado. Quando lhe perguntei se sentira medo, ele admitiu que havia uma coisa que o amedrontava: a possibilidade de perder a compaixão e a consideração por seus carcereiros como seres humanos.

Aquilo me emocionou muito e também me animou. A história de Lopon-la confirmava algo em que eu sempre tinha acreditado. Não é só a constituição física de uma pessoa, ou sua inteligência, sua educação ou mesmo seu condicionamento social que lhe permitem resistir às provações. Seu estado espiritual é muito mais significativo. E enquanto alguns são capazes de sobreviver apenas à custa da força de vontade, os que sofrem menos são os que atingem um alto grau de *sö pa*.

Autocontrole e força moral (coragem diante da adversidade) são duas definições que chegam bem perto de *sö pa* em seu grau inicial. Porém, quando bem desenvolvida, essa qualidade confere serenidade diante da adversidade, uma sensação de não se deixar perturbar, refletindo uma aceitação voluntária da provação para atingir um objetivo espiritual mais alto. O que envolve aceitar a realidade de determinada situação reconhecendo que, sob sua singularidade, existe uma vasta e complexa rede de causas e condições relacionadas entre si.

Sö pa é, portanto, o meio pelo qual praticamos a verdadeira não-violência. É o que nos permite não só controlar nossas reações físicas quando somos provocados como deixar de lado nossos pensamentos e emoções negativos. Não se trata de *sö pa* quando cedemos de má vontade e guardando rancor. Se o chefe no trabalho lhe causa um aborrecimento e você é obrigado a submeter-se à opinião dele apesar de seus sentimentos, isso não é *sö pa*. A essência de *sö pa* é um autocontrole paciente e resoluto diante da adversidade. Ou seja, aquele que pratica esse tipo de autocontrole está determinado a não ceder a impulsos negativos (que são experimentados como emoções aflitivas sob a forma de raiva, ódio, desejo de vingança e assim por diante), a não se entregar ao ressentimento e a não revidar à altura. Nada disso significa que não existam ocasiões em que é apropriado reagir às atitudes dos outros com medidas enérgicas. Nem esse tipo de prática da paciência significa que devemos aceitar qualquer coisa que os outros nos fazem e simplesmente ceder. Ou que não devemos reagir quando enfrentamos o mal. *Sö pa* não deve ser confundido com passividade. Há momentos na vida de qualquer pessoa em que palavras duras – e até a intervenção física – podem ser necessárias. Ao proteger nossa serenidade interior, porém, *sö pa* coloca-nos em uma posição mais segura para avaliar se uma reação não violenta é mais apropriada do que sermos dominados por pensamentos e emoções negativos. Isso signifca que é exatamente o oposto da covardia. A covardia é o que acontece quando o medo nos faz perder toda a confiança. O autocontrole paciente significa que permanecemos firmes mesmo sentindo medo.

Da mesma forma, quando falo de aceitação, não quero dizer que não devemos fazer todo o possível para resolver nossos problemas sempre que puderem ser resolvidos. No caso de um sofrimento presente – aquele pelo qual se está passando –, porém, a aceitação pode evitar que se acrescente ao fardo do momento o sofrimento mental e emocional. Por exemplo, não há nada que se possa fazer para evitar a velhice. É muito melhor aceitar a situação do que se inquietar a respeito. De fato, sempre me parece um pouco tolo o esforço de certas pessoas idosas para tentar manter uma aparência de juventude.

O autocontrole paciente, portanto, é a qualidade que não deixa os pensamentos e emoções negativos tomarem conta de nós. Preserva a nossa paz de espírito diante das adversidades. Através desse tipo de prática da paciência, nossa conduta torna-se eticamente íntegra. Como já vimos, o primeiro passo para a prática da ética é conter nossa reação aos pensamentos e emoções negativos à medida que surgem. O passo seguinte – o que fazemos depois de pisar no freio – é conter essa exasperação com paciência.

O leitor poderá objetar que às vezes isso é impossível. O que dizer quando alguém próximo de nós, que conhece todas as nossas fraquezas, usa esse conhecimento para nos ferir? A raiva que sentimos pode derrubar completamente todas as nossas defesas. Nessas circunstâncias, talvez seja mesmo difícil conseguir manter o sentimento de compaixão pelo outro, mas é necessário ao menos ter o cuidado de não reagir de modo violento ou agressivo. O melhor a fazer é sair da sala para dar uma volta, de preferência ao ar livre, ou respirar vinte vezes antes de responder: precisamos encontrar uma maneira de nos acalmarmos um pouco. Por isso devemos introduzir a prática da paciência em nosso dia-a-dia. É uma questão de nos familiarizarmos com ela, em seu grau mais profundo, de modo que, diante de uma situação difícil, mesmo tendo de fazer um esforço maior, saibamos o que está em causa. Ao contrário, se ignorarmos a prática da paciência até o momento em que realmente passamos por dificuldades, é muito provável que não consigamos resistir à irritação.

Uma das melhores maneiras de nos familiarizarmos com a virtude da paciência, ou *sö pa*, é nos dedicarmos a refletir sistematicamente sobre seus benefícios. *Sö pa* é a fonte do perdão. E é o que há de melhor para preservar nossa consideração pelos outros, não importa como se comportem conosco. Quando *sö pa* se combina com nossa capacidade de distinguir entre ação e agente, o perdão pode vir de modo natural. Permite-nos manter nossa capacidade de julgar o ato e de ter compaixão pelo indivíduo que o pratica. Da mesma forma, quando desenvolvemos a capacidade de tolerância, verificamos que desenvolvemos também uma reserva correspondente de calma e de tranqüilidade. Tendemos a ser menos antagônicos e mais agradáveis no convívio, o que cria uma atmosfera positiva à nossa volta, de modo que se torna mais fácil para os outros o relacionamento conosco. A prática da paciência traz uma estabilidade emocional que não só nos faz mais fortes mental e espiritualmente como mais saudáveis fisicamente. Sem dúvida, atribuo a boa saúde que desfruto a uma mente em geral calma e serena.

Entretanto, o benefício mais importante de *sö pa*, ou paciência, consiste em sua ação como um antídoto poderoso ao mal da raiva, a maior ameaça à nossa paz interior e, conseqüentemente, à nossa felicidade. A paciência é o melhor recurso de que dispomos para nos defendermos internamente dos efeitos destrutivos da raiva. Pensem bem: a riqueza não protege ninguém da raiva. Nem a educação, por mais talentosa ou inteligente que a pessoa seja. A lei, muito menos, pode ser de qualquer ajuda. E a fama é inútil. Só a proteção interior do autocontrole paciente evita que experimentemos o tumulto das emoções e pensamentos negativos. A mente, ou espírito (*lo*), não é física. Não pode ser tocada ou ferida diretamente. Só as emoções e os pensamentos negativos podem feri-la. Portanto, só a qualidade positiva correspondente pode protegê-la.

O segundo passo para nos familiarizarmos com a virtude da paciência é pensar na adversidade não tanto como uma ameaça à nossa paz de espírito, mas como o próprio meio pelo qual se adquire paciência. Se nos colocarmos nessa perspectiva, veremos aqueles que nos podem prejudicar como sendo, de certa forma, professores de paciência. Essas pessoas nos ensinam o que jamais aprenderíamos simplesmente ouvindo alguém falar, por mais sábios ou santos que fossem. Muito menos o leitor pode esperar aprender a ser virtuoso meramente lendo este livro – a não ser que o ache tão tedioso a ponto de exigir perseverança! Com a adversidade, porém, podemos aprender o valor da paciência, da tolerância. E aqueles que nos prejudicam são, em especial, os que nos oferecem oportunidades sem paralelo para praticar a disciplina de nosso comportamento.

O que não quer dizer que as pessoas não sejam responsáveis por seus atos. É bom lembrar que elas podem estar agindo movidas sobretudo pela ignorância. Uma criança que cresceu em um ambiente violento talvez não conheça outra maneira de agir. O resultado é que a questão da culpa torna-se muito redundante. A reação apropriada a alguém que nos faz sofrer – não me refiro aqui, é evidente, às situações em que alguém se opõe a nós legitimamente, como no caso de recusar-se a ceder às nossas exigências descabidas – é reconhecer que, ao prejudicar-nos, a pessoa está pondo em risco sua paz de espírito, seu equilíbrio interior. E o melhor que temos a fazer é ter compaixão por aquela pessoa, até porque o simples desejo de também feri-la não vai ser eficiente. Mas vai nos ferir, sem a menor dúvida.

Imaginem dois vizinhos que estão brigando por algum motivo. Um deles consegue encarar a disputa com tranqüilidade. O outro está obcecado por ela e fica o tempo todo procurando inventar maneiras de prejudicar o adversário. E o que acontece? Não demora muito e o que rumina maldades começa a sofrer as conseqüências disso. Primeiro perde o apetite, depois o sono. A saúde começa a mostrar-se abalada. Passa os dias e as noites atormentado por aquela idéia fixa e acaba, ironicamente, realizando os desejos do adversário.

E de fato, quando se pensa melhor a respeito, há um aspecto não totalmente racional em escolher pessoas como objeto de nossa raiva. Vamos fazer um pequeno exercício de imaginação. Suponhamos que alguém nos ofende verbalmente. Se sentimos raiva por causa da mágoa que isso nos causa, será que o foco de nosso sentimento não deveria estar nas próprias palavras ofensivas, uma vez que são elas que de fato causaram a mágoa? No entanto, ficamos zangados com a pessoa que as disse. A justificativa seria que a pessoa que diz as ofensas é moralmente responsável por elas, o que não deixa de ser verdade. Ao mesmo tempo, se for o caso de ter raiva do que de fato causou a mágoa, as palavras é que são a causa mais imediata de nossa reação. Melhor ainda, será que não deveríamos direcionar nossa raiva para aquilo que fez com que a pessoa nos ofendesse, ou seja, suas emoções aflitivas? Porque, se a pessoa estivesse calma e em paz, talvez não agisse daquela maneira. Contudo, desses três fatores – as palavras que magoam, a pessoa que as diz e os impulsos negativos que motivam a pessoa –, é para a pessoa que dirigimos nossa raiva. Há uma certa incoerência nisso.

Se alegarmos que a verdadeira causa de nossa mágoa é a natureza da pessoa que nos ofende, ainda assim não seria razoável ter raiva dela. Pois se a sua natureza fundamental é ser hostil a nós, ela seria incapaz de agir de outra maneira. Nesse caso, ter raiva dela não faria sentido. Se nos queimamos, não faz sentido ficarmos zangados com o fogo. É da natureza do fogo a capacidade de queimar. Para lembrarmos que o conceito de hostilidade inerente e de mal inerente é falso, cabe observar que, em outras circunstâncias, a mesma pessoa que nos está magoando poderia mostrar-se um bom amigo. É comum ouvir falar de soldados que lutam em lados opostos durante os conflitos e depois se tornam amigos em tempos de paz. E certamente já passamos pela experiência de encontrar alguém que não apreciávamos muito no passado e que acabamos descobrindo ser na verdade bem agradável.

É claro que não podemos pensar dessa maneira com relação a todas as situações. Quando somos fisicamente ameaçados, é melhor não perder tempo com tais idéias e concentrar as energias em sair correndo! Mas é de grande ajuda que nos familiarizemos com os vários aspectos e benefícios da paciência. Permite-nos enfrentar os desafios apresentados pelas adversidades de uma forma construtiva.

Observei anteriormente que *sö pa*, ou paciência, age como uma força contrária à raiva. De fato, para cada estado negativo existe um outro que podemos identificar como oposto. A humildade se opõe ao orgulho; a satisfação, à ganância; a perseverança, à indolência. Se, então, queremos superar o estado de espírito pernicioso que se instala quando liberamos pensamentos e emoções negativos, o propósito de refrear nossa reação às emoções aflitivas deve ser acompanhado do propósito de cultivar as virtudes. Ambos caminham juntos. É por isso que a disciplina da ética não pode ser confinada à mera contenção dos aspectos negativos ou à mera afirmação de qualidades positivas.

Para ver como funciona esse processo de contenção combinado à afirmação das qualidades, vamos ver o que acontece com a ansiedade, que é uma forma de medo ampliada. Todos nós forçosamente nos defrontamos com experiências e acontecimentos que nos preocupam. A preocupação se transforma em ansiedade quando começamos a ruminar sobre o assunto e deixamos que a imaginação lhe acrescente idéias negativas. A partir daí sentimos ansiedade e inquietação. E quanto mais nos entregamos à inquietação, mais razões encontramos para justificá-la. E chegamos afinal a um estado de aflição permanente. À medida que esse estado evolui, diminui a nossa capacidade de reagir e combatê-lo de alguma forma, e ele se intensifica. Uma reflexão mais cuidadosa, porém, mostra-nos que o que há por trás desse processo é uma visão limitada e uma falta de perspectiva adequada. E isso nos faz ignorar o fato de que as coisas e os acontecimentos só ocorrem como resultado de inumeráveis causas e condições. Nossa tendência é nos concentrarmos exclusivamente em um ou dois aspectos do que está acontecendo. Ao agir assim, inevitavelmente nos limitamos a procurar meios para superar apenas aqueles aspectos. O problema é que, quando não os encontramos, corremos o risco de cair em total desânimo e desorientação. O primeiro passo para superar a ansiedade é, então, desenvolver uma perspectiva adequada da situação.

Podemos fazer isso de diversas maneiras diferentes. Uma das mais eficazes é procurar desviar o foco da atenção de nós para os outros. Se conseguimos, verificamos que a intensidade de nossos problemas diminui. Não se trata de ignorar as nossas necessidades, mas de lembrar das dos outros paralelamente, mesmo que as nossas sejam prementes. Quando nossa preocupação pelos outros se traduz em ação, nossa confiança pessoal aumenta de imediato e a preocupação e a ansiedade passam para segundo plano. E descobrimos que quase todo o sofrimento mental e emocional característico da vida moderna, que inclui as sensações de desesperança e de solidão, entre outras, diminui quando nos envolvemos em atividades motivadas pela consideração pelos outros. Acredito que seja por isso que não basta realizar ações que só são positivas externamente para reduzir a ansiedade. Quando a verdadeira motivação é atingir nossos objetivos imediatos, isso apenas aumenta nossos problemas.

O que dizer, porém, daquelas ocasiões em que achamos toda a nossa vida insatisfatória, quando nos sentimos a ponto de explodir de tanto sofrimento, como acontece de vez em quando com todo mundo de maneira mais ou menos intensa? Quando isso acontece, é vital empregar todos os esforços para encontrar uma forma de melhorar o ânimo. Uma delas é pensar nos nossos tesouros: ser amado por alguém, ter certos talentos, ter recebido uma boa educação, ter as necessidades básicas satisfeitas – alimento para comer, roupas para vestir, um lugar para morar –, ter agido com altruísmo em alguma ocasião no passado. Como o banqueiro que recolhe os juros até do menor empréstimo que faz, temos de levar em conta até o mais insignificante aspecto positivo de nossas vidas. Não podemos deixar que a sensação de impotência tome conta de nós, levando-nos a crer que somos incapazes de realizar algo positivo, o que só faz criar condições para o desespero, para um beco sem saída, sem outra alternativa a não ser a morte.

Na maioria dos casos de desesperança, de extremo desamparo, o problema é a percepção que a pessoa tem de sua própria situação e não o que está ocorrendo na realidade. A questão talvez não possa ser resolvida sem a cooperação de outras pessoas e, nesse caso, deve-se pedir ajuda. Entretanto, às vezes há circunstâncias irremediáveis. É aí que a crença religiosa pode ser reconfortante, uma fonte de alívio. Mas isso é outro assunto.

Em que mais pode consistir a ética da virtude? Como princípio básico, é essencial evitar os extremos. Da mesma forma que comer demais é tão perigoso quanto comer de menos, é preciso ter bom senso na busca e na prática da virtude. Até as causas nobres, quando levadas ao extremo, podem gerar males. Como a coragem que, levada ao excesso e sem a devida avaliação das circunstâncias, se transforma em imprudência e temeridade. O excesso, de fato, prejudica um dos principais objetivos da prática da virtude, que é equilibrar nossa tendência para reações mentais e emocionais drásticas em relação aos outros e aos acontecimentos que nos causam sofrimentos inevitáveis.

É importante também perceber que transformar o coração e a mente para que nossas ações se tornem espontaneamente éticas exige que coloquemos a busca da virtude no centro de nossa vida diária. Isso porque o amor, a compaixão, a paciência, a generosidade, a humildade e outras qualidades são complementares. E por ser tão difícil erradicar a emoção aflitiva, é necessário que nos habituemos a seus opostos antes mesmo que os pensamentos e emoções negativos surjam. Por exemplo, cultivar a generosidade é essencial para combater nossa tendência de proteger demais nossos bens e até mesmo a nossa energia física. A prática da generosidade ajuda a combater o hábito da mesquinhez, que costumamos justificar dizendo: "O que vai sobrar para mim se eu começar a dar tudo o que tenho?"

A generosidade é considerada uma virtude em todas as grandes religiões e em todas as sociedades civilizadas e claramente traz benefícios tanto para quem dá quanto para quem recebe. O que recebe é aliviado das dificuldades geradas pela necessidade. O que dá é revigorado pela alegria que sua dádiva proporciona ao outro. Ao mesmo tempo, temos de reconhecer que existem diferentes tipos e graus de generosidade.

Quando se é generoso com o intuito de melhorar a imagem que os outros fazem de nós – para ganhar fama ou levá-los a achar que somos bondosos –, desvirtuamos o ato. Não é generosidade que se pratica, é auto-engrandecimento. Da mesma forma, aquele que dá muito pode não estar sendo tão generoso quanto aquele que dá pouco. Tudo depende dos recursos e da motivação de quem dá.

Embora uma coisa não substitua a outra, doar nosso tempo e nossa energia pode representar uma ordem mais elevada de generosidade do que dar presentes. Refiro-me em especial à dádiva de serviços prestados aos deficientes físicos e mentais, aos desabrigados, aos solitários, aos que estão e aos que estiveram na prisão. Esse tipo de dádiva inclui também a dos professores, que transmitem seus conhecimentos aos alunos. E, em seguida, no meu entender, a mais compassiva forma de generosidade é aquela praticada sem nenhum pensamento ou nenhuma expectativa de recompensa e baseada em genuína preocupação pelos outros. Porque quanto mais expandimos nossa intenção e nossa ação para juntar os interesses dos outros aos nossos, mais firmemente edificamos os fundamentos de nossa própria felicidade.

Dizer que a humildade é um componente essencial de nossa busca de transformação pode parecer conflitante com o que falei a respeito da necessidade de autoconfiança. Entretanto, assim como existe uma clara diferença entre a autoconfiança válida, no sentido de auto-estima, e a presunção – que podemos definir como uma exagerada noção de importância baseada em uma imagem falsa do próprio eu –, também é essencial distinguir entre a humildade genuína, que é uma espécie de modéstia, e a falta de autoconfiança. Não são a mesma coisa, apesar de muitos confundirem uma com a outra. O que talvez explique em parte por que hoje em dia a humildade muitas vezes é vista como uma fraqueza e não como uma indicação de força interior, particularmente na área dos negócios e da vida profissional. A sociedade moderna certamente não confere à humildade a posição de importância que ela ocupava no Tibet quando eu era jovem. Naquela época, nossa cultura e o natural respeito à humildade de nosso povo criaram uma atmosfera propícia em que essa virtude floresceu, enquanto a ambição (que se deve distinguir da aspiração inteiramente legítima de obter êxito em tarefas construtivas e benéficas) era vista como uma característica que leva com facilidade a um modo de pensar egocêntrico. No entanto, na vida contemporânea, a humildade é mais importante do que nunca. Quanto mais bem-sucedidos formos em nosso desenvolvimento científico e tecnológico, não só como indivíduos mas como uma família comum, tanto mais essencial é preservar a humildade. Pois o crescimento de nossas realizações temporais nos faz mais vulneráveis ao orgulho e à arrogância.

Um método eficaz para desenvolver a autoconfiança e a humildade verdadeiras é refletir sobre o exemplo daqueles cuja presunção os torna objeto de ridículo para os outros. Podem não ter consciência de como parecem tolos, mas isso é evidente para todo mundo. Não se trata aqui de julgar os outros, mas de examinar de perto as conseqüências negativas desse estado emocional e mental que é a presunção. O mau exemplo dos outros nos estimula a querer evitar esse tipo de fraqueza. De certa forma, estamos invertendo o princípio de não prejudicar os outros se não quisermos ser prejudicados, além de estarmos nos valendo do fato de ser muito mais fácil identificar os erros dos outros do que reconhecer suas virtudes. É também muito mais fácil achar defeitos nos outros do que em nós mesmos.

Talvez eu deva acrescentar que a humildade não pode ser confundida com falta de autoconfiança e também não tem nada a ver com o sentimento de falta de valor pessoal. Não reconhecer os próprios méritos é sempre nocivo e pode levar a um estado de paralisia mental, emocional e espiritual. Sob tais circunstâncias, a pessoa pode chegar a se detestar. Quero me deter aqui para admitir que o conceito de ódio de si mesmo pareceu-me incoerente quando me foi primeiro explicado por psicólogos ocidentais. Aparentemente, contradizia o princípio de que nosso desejo fundamental é ser feliz e evitar o sofrimento. Hoje consigo compreender que, quando alguém perde toda a noção de perspectiva, corre o risco de ter ódio de si mesmo. Ainda assim, todos temos capacidade de empatia. Todos temos, portanto, potencial para adotar uma conduta saudável mesmo que sejam apenas pensamentos positivos. Imaginar que não temos nenhum valor pessoal é simplesmente incorreto.

Outra maneira de evitar essa diminuição de perspectiva que pode levar a extremos como o ódio por si mesmo e o desespero é regozijar-se com a sorte dos outros, qualquer que seja. Como parte dessa prática, é bastante útil aproveitarmos todas as oportunidades para mostrar nosso respeito pelos outros, até mesmo animá-los com elogios quando for apropriado. Se houver risco de tais elogios serem recebidos como bajulação ou estímulo à presunção, será melhor não expressá-los e apenas pensar positivamente sobre a pessoa. E quando formos elogiados, não devemos nos inchar de orgulho e importância, e sim reconhecer a generosidade do outro ao apreciar nossas boas qualidades.

Quando ferirmos os outros ou preterirmos seus objetivos em favor de nossos próprios interesses e desejos, provocando sentimentos negativos contra nós, a forma de superar esses sentimentos é expressar o nosso arrependimento e pesar pelo acontecido. O leitor não deve supor que eu esteja defendendo o sentimento de culpa de que falam muitos dos meus amigos ocidentais. Acho que não temos uma palavra em tibetano que possa traduzir "culpa" com exatidão. E, por causa de suas fortes associações culturais, não estou certo de ter compreendido o conceito em toda a sua extensão. Mas parece-me que, mesmo sendo natural e esperado que tenhamos sentimentos de desconforto com relação aos nossos erros do passado, no caso do sentimento de culpa existe às vezes um elemento de autocomplacência. Não há sentido em remoer ansiosamente as más ações que cometemos no passado a ponto de ficarmos paralisados. Estão terminadas, acabou. Se a pessoa acredita em Deus, o melhor a fazer é procurar meios de se reconciliar com Ele. No budismo há vários ritos e práticas de purificação. Quando a pessoa não tem crenças religiosas, porém, o que precisa é reconhecer e aceitar quaisquer sentimentos negativos com relação ao acontecido e, através da reflexão, arrepender-se e lamentar o que houve. Mas, em vez de parar apenas no arrependimento, é importante utilizar o fato como base para uma decisão, para o sólido compromisso de empenhar-se em jamais ferir os outros e manter o desejo determinado de direcionar suas ações para o benefício dos semelhantes. Falar sobre nossos atos negativos com uma pessoa a quem respeitamos e em quem confiamos pode ser de grande ajuda nesses casos. Acima de tudo, não devemos esquecer que, enquanto mantivermos a consideração pelos outros, nosso potencial de transformação permanecerá. Estaremos errados se reconhecermos apenas interiormente a gravidade de nossas ações e depois, em vez de enfrentarmos nossos sentimentos, desistirmos e não fizermos nada. Isso equivaleria a acobertar o erro.

Temos um ditado no Tibet que diz que praticar a virtude é tão difícil quanto fazer um burro subir uma colina, enquanto que se envolver em qualquer atividade destrutiva é tão fácil quanto fazer rolar grandes pedras colina abaixo. Também se diz que os impulsos negativos surgem tão naturalmente quanto a chuva e ganham ímpeto como as gotas d'água que caem atraídas pela gravidade. O que piora as coisas é a nossa tendência para nos entregarmos aos pensamentos e emoções negativos mesmo achando que não deveríamos. Temos, portanto, de combater de imediato essa tendência de deixar tudo para depois, de desperdiçar o tempo em atividades sem sentido, fugindo do desafio de mudar nossos hábitos sob a alegação de que a tarefa é grande demais. E, em especial, não podemos desanimar diante da magnitude do sofrimento alheio. As desgraças de milhões de pessoas não são motivo de pena. São oportunidades para desenvolvermos a compaixão, um sentimento que implica solidariedade.

Precisamos, além disso, reconhecer que deixar de agir quando uma ação é claramente indispensável pode também ser um ato negativo. Quando a inação se deve à raiva, à perversidade ou à inveja, a causa é indiscutivelmente uma emoção aflitiva. Isso vale não só para as situações mais simples como para as mais complexas. Se o marido não avisa à mulher que o prato que ela vai pegar está quente, porque quer que ela se queime, é provável que uma emoção aflitiva esteja presente. Quando, porém, a inação é apenas resultado da indolência, talvez o estado mental e emocional do indivíduo não seja tão gravemente negativo. Mas as conseqüências, ainda assim, podem ser sérias, embora a omissão seja mais freqüentemente causada pela falta de compaixão do que por pensamentos negativos. Por isso é tão importante combater com determinação a nossa tendência habitual à preguiça quanto conter nossas reações às emoções aflitivas.

Não é tarefa das mais fáceis, e os que são religiosos devem entender que não existem bênção nem iniciação – quem dera pudéssemos receber! – ou qualquer fórmula, mantra ou ritual mágico – quem dera pudéssemos descobrir! – capazes de conseguir transformar-nos instantaneamente. A transformação é algo que vem pouco a pouco, como um edifício que é construído tijolo por tijolo, ou, como se diz no Tibet, como um oceano que se forma gota a gota. E, ainda, como as emoções aflitivas nunca perdem o vigor, ao contrário de nosso corpo que adoece, envelhece e se desgasta, devemos levar em conta que lidar com elas é trabalho para uma vida inteira. Não estamos falando aqui da mera aquisição de conhecimento. Não se trata nem mesmo de desenvolver uma convicção que seria decorrente desse conhecimento. Estamos falando de adquirir experiência de virtude através de uma prática e uma familiarização constantes, de modo que essa virtude se incorpore a nós e se torne espontânea. Quanto mais desenvolvida for nossa consideração pelo bem-estar dos outros, mais fácil será agir em seu interesse. Com o hábito, o esforço exigido diminui. E acaba se tornando uma segunda natureza. Mas não existem atalhos, é preciso percorrer todo o caminho.

Comprometer-se com atividades virtuosas é um pouco como criar uma criança pequena. Há uma grande quantidade de fatores envolvidos. E, principalmente no começo, precisamos ser prudentes e habilidosos em nossas tentativas para transformar nossos hábitos e temperamentos. Também temos de ser realistas a respeito daquilo que esperamos conseguir. Levou muito tempo para ficarmos do jeito que somos e não se mudam hábitos do dia para a noite. É bom olhar para cima à medida que se progride, mas é um engano julgar nosso comportamento utilizando o ideal como padrão, assim como seria tolice avaliar o desempenho de um filho no primeiro ano da universidade a partir dos critérios de um formando. A formatura é o ideal, mas não é o padrão. Por isso, é muito mais eficaz – em vez de alternar breves rompantes de esforço heróico com períodos de relaxamento – trabalhar com constância, como um rio fluindo em direção a um objetivo de transformação.

Um método muito útil para nos dar alento nessa tarefa de toda uma vida de transformação é adotar uma rotina diária que possa ser ajustada de acordo com o nosso progresso. É claro que, tal como no exercício da virtude de modo geral, isso é algo que a prática religiosa incentiva. Mas não há nenhuma razão para que os não-crentes deixem de utilizar algumas das idéias e técnicas que serviram tão bem à humanidade no decorrer dos milênios. Fazer da consideração pelo bem-estar dos outros um hábito, e gastar alguns minutos ao acordar pela manhã refletindo sobre a importância de conduzir a própria vida de uma forma eticamente disciplinada, é, sem dúvida, uma boa maneira de começar o dia, seja qual for a nossa crença ou a ausência dela. Assim como reservar algum tempo ao final de cada dia para avaliar como nos saímos é um hábito que contribui bastante para estimular a nossa determinação e evitar um comportamento indulgente.

Se essas sugestões parecem um tanto exageradas para o leitor que não está à procura do *nirvana* ou da salvação, mas da simples felicidade humana, vale lembrar que o que nos traz as maiores alegrias e a mais intensa satisfação na vida são as coisas que fazemos por consideração aos outros. E podemos ir ainda mais longe. Pois as indagações fundamentais da existência humana – tais como: "Por que estamos aqui?", "Para onde vamos?" e "Será que o universo teve um começo?" – produziram respostas diversas em diferentes tradições filosóficas. Mas é indiscutível que um coração generoso e ações íntegras levam a uma paz maior. É igualmente claro que seus opostos têm conseqüências indesejáveis. A felicidade provém de causas virtuosas. Se a desejamos de fato, não há outra maneira de proceder a não ser por intermédio da virtude: ela é o método pelo qual se alcança a felicidade. E podemos acrescentar que a base da virtude, o solo onde estão suas raízes, é a disciplina ética.

CAPÍTULO 8

A ética da compaixão

Já mencionamos anteriormente que todas as grandes religiões do mundo salientam a importância de cultivar o amor e a compaixão. Na tradição filosófica budista isso se efetua em diferentes níveis. No plano básico, a compaixão (*nying je*) é compreendida principalmente como empatia – nossa capacidade de participar e, de certa forma, partilhar o sofrimento alheio. Mas os budistas – e talvez outros – acreditam que isso pode ser desenvolvido a tal ponto que nossa compaixão não apenas desperta sem esforço algum como passa a ser incondicional, indiscriminada e de alcance universal. Forma-se um sentimento de intimidade com todos os seres sensíveis, inclusive com os que podem nos ferir, comparado na literatura ao que a mãe experimenta por um filho único.

Entretanto, essa noção de equanimidade para com todos não é vista como um fim em si mesma, mas como um trampolim para um amor ainda maior. Pelo fato de nossa capacidade de empatia ser inata e porque a capacidade de raciocinar também é uma aptidão inata, a compaixão tem as mesmas características da própria consciência. O potencial que temos para desenvolvê-la é portanto estável e contínuo. Não é um recurso que se esgota, como a água, que se consome quando a fervemos. E, embora possa ser definida em termos de atividade, não é igual a uma atividade física passível de treinamento – como pular – que, depois de atingirmos um certo estágio, não podemos mais ultrapassá-lo. Ao contrário, quando estimulamos nossa sensibilidade para o sofrimento dos outros através de uma abertura pessoal deliberada, acredita-se que sejamos capazes de ampliar gradualmente essa compaixão. Ela atinge um ponto em que somos tão tocados pelo sofrimento alheio, mesmo em sua forma mais sutil, que se desenvolve em nós uma irresistível noção de responsabilidade por todos os semelhantes. Isso faz com que a pessoa compassiva se dedique inteiramente a ajudar os outros a superarem tanto o sofrimento quanto as suas causas. Em tibetano, esse plano mais elevado é chamado de *nying je chenmo*, ou seja, literalmente, "grande compaixão".

Não é minha intenção insinuar que todas as pessoas tenham de atingir esses estágios avançados de desenvolvimento espiritual para levar uma vida eticamente íntegra. Descrevi o que é *nying je chenmo* não porque seja um pré-requisito para a conduta ética, mas porque acredito que apresentar a lógica da compaixão em seu mais alto grau pode ser uma poderosa inspiração. Se conseguirmos apenas manter como ideal desenvolver *nying je chenmo*, ou a grande compaixão, isso naturalmente terá um impacto significativo em nosso movimento interior. Será um lembrete constante contra o egoísmo e a parcialidade e nos fará tomar consciência de que há pouco a ganhar quando se é bom e generoso apenas para receber algo em troca. Que as ações motivadas pelo desejo de adquirir um bom nome, de formar uma imagem favorável, são também ações egoístas, por mais que pareçam atos de bondade. Que não há nada de excepcional em praticar a caridade para com os que nos são próximos, ajudando-nos a reconhecer que nossa tendência natural para concentrar a atenção em nossa família e em nossos amigos é, na verdade, um fator muito pouco confiável no qual basear a conduta ética. Se reservamos a prática de uma conduta ética para aqueles de quem nos sentimos próximos, existe o risco de negligenciarmos nossas responsabilidades para com os que estão fora desse círculo.

Por que isso acontece? Porque, enquanto as pessoas agem de acordo com as nossas expectativas, tudo vai bem. Quando deixam de fazê-lo, alguém que um dia consideramos um amigo querido pode transformar-se no pior inimigo. Como já vimos, temos a tendência de reagir mal a todos os que ameaçam a realização de nossos mais caros desejos, mesmo que a ameaça venha de alguém muito próximo. Por esse motivo, a compaixão e o respeito mútuo são uma base muito mais sólida para nosso relacionamento com os outros. Isso vale para os relacionamentos amorosos. Se nosso amor por alguém está grandemente baseado na atração, seja por causa da aparência da pessoa ou por alguma outra característica superficial, nossos sentimentos por ela tendem a desaparecer com o tempo. Quando a pessoa perde a qualidade que achamos atraente, ou quando verificamos que aquela qualidade não mais nos satisfaz, a situação pode mudar inteiramente, ainda que a pessoa continue sendo a mesma. É por isso que os relacionamentos baseados exclusivamente na atração são quase sempre instáveis. Por outro lado, quando começamos a aperfeiçoar nosso sentimento de compaixão, a aparência da pessoa ou o seu comportamento não afetam nosso sentimento interior.

Consideremos, também, que habitualmente nossos sentimentos pelos outros dependem muito de sua situação. A maioria das pessoas experimenta sentimentos de bondade ou de solidariedade quando se vê diante de alguém que sofre de alguma deficiência física ou mental ou está em situação desvantajosa. Mas quando encontra alguém em melhor situação financeira, ou que recebeu uma educação mais aprimorada, ou que ocupa uma situação social melhor, os sentimentos de inveja ou competitividade são imediatamente despertados. Os sentimentos negativos não nos deixam enxergar que somos todos iguais: afortunados ou não, próximos ou distantes, todos queremos ser felizes e não sofrer.

A dificuldade está então em superar esses sentimentos de parcialidade. É certo que desenvolver compaixão genuína por aqueles que amamos é o ponto de partida mais óbvio e apropriado. O impacto de nossas ações sobre os que nos estão próximos é em geral muito maior do que sobre os outros e, portanto, nossas responsabilidades para com eles são maiores. Todavia, devemos reconhecer que, em última análise, não se justifica dar preferência a eles, porque ficamos em posição idêntica à de um médico diante de dez pacientes com a mesma doença grave. Todos merecem igualmente ser tratados. Porém, o leitor não deve supor que se defende aqui um estado de imparcialidade indiferente. O desafio seguinte, quando começamos a estender nossa compaixão a todos, é manter o mesmo grau de proximidade que sentimos pelos que estão mais ligados a nós. Ou seja, o que está sendo sugerido é uma abordagem equitativa, imparcial, um terreno uniforme onde possamos plantar a semente de *nying je chenmo*, do grande amor e compaixão.

Quando o nosso relacionamento com os outros está baseado nessa equanimidade, nossa compaixão não dependerá mais do fato de a pessoa ser o marido ou a mulher, o parente ou o amigo. Desenvolvemos um sentimento de proximidade com relação a todas as pessoas ao reconhecermos que, como nós, todos têm o mesmo anseio básico de felicidade e paz. Em outras palavras, começamos a nos relacionar com os outros levando em conta sua natureza sensível fundamental. Mais uma vez, isso pode ser encarado como um ideal, um ideal imensamente difícil de atingir. Mas, a meu ver, profundamente inspirador e de grande auxílio. O próprio movimento em sua direção, com todos os avanços e recuos, é importante.

Consideremos agora o papel do amor compassivo e da bondade em nossa vida diária. Será que o ideal de desenvolvê-los para que sejam incondicionais significa que devemos abandonar inteiramente nossos próprios interesses? De modo algum. Na verdade, essa é a melhor maneira de servir aos nossos interesses, a maneira mais sensata. Pois se é verdade que qualidades como o amor, a paciência, a tolerância e a capacidade de perdão são o que constitui a felicidade, e se também é verdade que *nying je*, ou compaixão, de acordo com a definição que apresentei, é ao mesmo tempo a fonte e o fruto dessas qualidades, deduz-se que quanto mais compaixão tivermos, mais estaremos promovendo a nossa própria felicidade. Por isso mesmo, a idéia de que a consideração pelos outros, apesar de ser uma qualidade nobre, deve se restringir apenas à nossa vida privada é uma visão estreita da questão. A compaixão é aplicável a toda esfera de atividade, inclusive ao ambiente de trabalho.

Quanto a esse ponto, entretanto, devo assinalar a existência da opinião, aparentemente partilhada por muitos, de que a compaixão é irrelevante na vida profissional quando não constitui de fato um obstáculo. Pessoalmente, quero afirmar que não só a considero relevante como acredito que as nossas atividades correm o risco de se tornarem destrutivas quando não existir compaixão. Quando ignoramos o impacto de nossas ações sobre o bem-estar dos outros, inevitavelmente os ferimos. A ética da compaixão proporciona os fundamentos e a motivação necessários tanto para o controle dos impulsos negativos quanto para o cultivo da virtude. A valorização genuína da compaixão acarreta automaticamente uma nova maneira de ver o outro e de agir. Isso é fundamental na condução de nossa vida profissional, tanto para afastarmos as tentações veladas que se apresentam a cada dia, capazes de enganar e prejudicar outras pessoas, quanto para evitar que o fruto do nosso trabalho tenha aplicações eticamente impróprias. Como um cientista que, ao constatar que o resultado de suas pesquisas pode vir a ser uma fonte de sofrimento, abandona o projeto, abrindo mão do lucro que poderia auferir.

É inegável que surgem problemas quando nos dedicamos ao ideal da compaixão. A atitude do cientista que abandona sua pesquisa provavelmente teria graves conseqüências para a sua vida profissional e doméstica. Da mesma forma, aqueles cuja profissão é tratar dos outros – como os médicos, terapeutas, assistentes sociais – e os que em casa dedicam toda a vida a cuidar de alguém ficam às vezes tão exauridos por seus deveres que se sentem prostrados. A exposição constante ao sofrimento, combinada ocasionalmente com a sensação de não ter seu esforço ou valor reconhecido, pode provocar sentimentos de impotência e até de desespero. Ou levar as pessoas a desempenharem tarefas indiscutivelmente generosas com indiferença, sem pensar, de forma rotineira. O que, sem dúvida, é melhor do que nada. Mas pode levar à insensibilidade diante do sofrimento dos outros. Quando isso começa a acontecer, o melhor é afastar-se por algum tempo e fazer um esforço deliberado para reavivar essa sensibilidade. Nesses momentos é sempre bom lembrar que o desespero nunca é a solução. Pelo contrário, é o fracasso final. Portanto, como diz o ditado tibetano, mesmo que a corda se rompa nove vezes, precisamos emendá-la uma décima vez. Assim, se fracassarmos, saberemos que esgotamos todos os recursos e não teremos do que nos arrepender. E quando, além dessa percepção, tomarmos consciência do nosso potencial para beneficiar os outros, veremos que é possível recuperar a esperança e a confiança.

Algumas pessoas podem objetar alegando que participar da dor dos outros é trazer sofrimento para si próprio. De certa forma, isso é verdade. Mas há uma importante distinção qualitativa a ser feita entre experimentar seu próprio sofrimento e sofrer ao partilhar o sofrimento alheio. No caso do próprio sofrimento, pelo fato de ser involuntário, há uma sensação de opressão: ele parece vir de fora de nós. Em contraposição, partilhar o sofrimento de outros envolve um movimento voluntário que demonstra uma força interior. Por essa razão, a perturbação que pode causar tem muito menos probabilidade de paralisar-nos do que nosso próprio sofrimento.

Não tenho dúvida que, apesar de se tratar de um ideal, a idéia de desenvolver um sentimento incondicional de compaixão é algo assustador. A maioria das pessoas – eu inclusive – precisa lutar até mesmo para chegar a colocar os interesses dos outros lado a lado com os seus. Mas não devemos deixar que isso nos desanime. Porque, se por um lado sabemos das dificuldades e dos obstáculos para desenvolver um sentimento de compaixão genuíno, há também o intenso consolo de estarmos criando condições para a nossa própria felicidade. Como mencionei anteriormente, quanto mais desejamos verdadeiramente fazer bem aos outros, maior a força e a confiança que adquirimos e maior a paz e a serenidade que experimentamos. Se isso ainda parece improvável, vale a pena perguntar se existiria outra maneira de agir. Através da violência e da agressão? Claro que não. Com dinheiro? Talvez, mas só até certo ponto. Certamente com amor, partilhando o sofrimento dos outros, identificando-nos claramente com todos, especialmente com os que estão em condições desfavoráveis e com aqueles cujos direitos não são respeitados, ajudando-os a ser felizes. Através do amor, da bondade e da compaixão, estabelecemos a compreensão entre os outros e nós. É assim que se constroem a unidade e a harmonia.

A compaixão e o amor não são artigos de luxo. Como origem da paz interior e exterior, são fundamentais para a sobrevivência de nossa espécie. Por um lado, são a não-violência em ação. Por outro, a fonte de todas as qualidades espirituais: a capacidade de perdão, a tolerância e todas as demais virtudes. Além disso, são o que de fato dá sentido às nossas atividades e as torna construtivas. Não há nada de extraordinário em ter recebido uma educação primorosa e não há nada de extraordinário em ser rico. Somente quando a pessoa tem um coração bondoso e compassivo é que esses atributos passam a ter valor.

Então, para aqueles que disserem que o Dalai-Lama não está sendo realista ao defender esse ideal de amor incondicional, insisto para que mesmo assim o experimentem. Vão descobrir que o coração se enche de força quando se consegue ultrapassar os limites do interesse pessoal egoísta. A paz e a alegria tornam-se companheiras constantes. Rompem-se barreiras de todos os tipos e, no final, desaparece a noção do interesse próprio independente do interesse alheio. No que se refere à ética, contudo, o mais importante é que onde o amor pelo próximo, a afeição, a bondade e a compaixão estão vivos, verificamos que a conduta ética é espontânea. A prática de ações eticamente íntegras é natural onde há compaixão.

Capítulo 9

Ética e sofrimento

Já falei aqui que todos desejamos a felicidade. Que a felicidade genuína é caracterizada pela paz e que esta é mais seguramente conquistada quando nossas ações são motivadas pela consideração pelos semelhantes. Que essa consideração, por sua vez, implica disciplina ética e lidar de maneira positiva com as emoções aflitivas. Também disse que, em nossa busca da felicidade, é justo e natural que procuremos evitar o sofrimento. Vamos agora examinar essa qualidade, ou estado, de que desejamos tão intensamente nos libertar, mas que está no próprio âmago de nossa existência.

Dor e sofrimento são fatos inalienáveis da vida. O ser sensível, como costumo definir, é o que tem capacidade para experimentar dor e sofrimento. Poderíamos também dizer que é nossa experiência de sofrimento que nos une a nossos semelhantes. É a base de nossa capacidade para a empatia. Entretanto, além disso, podemos observar que o sofrimento está dividido em duas categorias que se relacionam. Existem as formas evitáveis, que surgem em conseqüência de fenômenos como guerras, pobreza, violência, crime e até coisas como o analfabetismo e certas doenças. E existem as formas inevitáveis, que incluem os problemas relacionados a doenças em geral, velhice – quando é vivida de forma penosa – e morte. Até aqui, temos falado principalmente de lidar com as formas de sofrimento evitáveis, criadas pelo homem. Agora, gostaria de olhar mais de perto aquelas que são inevitáveis.

Os problemas e dificuldades que enfrentamos na vida não são todos como os desastres naturais. Não podemos nos proteger deles apenas por meio das precauções adequadas, como estocar comida. No caso das doenças, por exemplo, mesmo mantendo a boa forma e uma dieta cuidadosa, nosso corpo de vez em quando passa por problemas físicos. Quando isso acontece, o impacto sobre nossas vidas pode ser muito sério, subvertendo e perturbando a nossa rotina.

E, em situações mais graves, ainda se tem de suportar dias e noites seguidos de dor e desconforto, que às vezes fazem a possibilidade da morte parecer um alívio.

No que se refere ao envelhecimento, desde o dia em que nascemos temos diante de nós a perspectiva de envelhecer e perder o viço da juventude. Com o passar do tempo, nosso cabelo cai, os dentes enfraquecem, a visão e a audição se deterioram. Não digerimos mais tão bem nossos alimentos preferidos. Acabamos descobrindo que não nos lembramos direito de acontecimentos que antes eram tão vívidos em nossa memória, e às vezes até dos nomes daqueles que estão mais próximos de nós. Se nossa vida se prolonga muito, podemos atingir um estado de decrepitude capaz de causar aversão em quem olha para nós, embora seja esse precisamente o tempo em que mais precisamos de outras pessoas.

Então vem a morte – um assunto que parece ser quase um tabu na sociedade moderna. Mesmo que a encaremos como um alívio e não nos importemos com o que vem depois, a morte significa a separação daqueles que amamos, o abandono de nossos bens materiais mais preciosos, em suma, de tudo aquilo que nos é mais caro.

A essa breve enumeração dos sofrimentos inevitáveis precisamos, todavia, acrescentar uma outra categoria: a do sofrimento decorrente do encontro com o indesejável – as adversidades e os acidentes. Há o sofrimento de nos tirarem o que amamos – como acontece com os refugiados, que perdem seus países, muitos sendo separados à força de seus entes queridos. Há o sofrimento causado por não obtermos o que desejamos, mesmo tendo investido grande esforço nisso: perder a colheita depois de esgotar-se trabalhando no campo; ver um projeto fracassar, apesar de ter trabalhado nele dia e noite. Ainda há o sofrimento da incerteza, de nunca sabermos quando e onde vamos encontrar a adversidade. Por experiência própria, todos sabemos como isso pode gerar insegurança e ansiedade. E, solapando tudo o que fazemos, há o sofrimento da insatisfação, que surge até quando conseguimos aquilo por que lutamos. Todas essas coisas são parte da nossa experiência diária como seres humanos que desejam ser felizes e não sofrer.

E, como se não bastasse, existem experiências que costumamos achar que são agradáveis e acabam se revelando uma fonte de sofrimento. Parecem ser gratificantes, mas de fato não o são – fenômeno que já examinamos quando falamos sobre a felicidade. Essas experiências nos dão uma sensação de prazer quando contrabalançam um sofrimento mais explícito, como, por exemplo, quando comemos para saciar a fome. Engolimos uma porção duas, três, quatro, cinco vezes, e gostamos da experiência. Mas logo, apesar de ser a mesma pessoa e a mesma comida, começamos a não achar tanta graça em comer. Se não pararmos, aquilo nos fará mal, assim como praticamente todo prazer mundano nos faz mal quando levado ao extremo.

Todas essas manifestações de sofrimento são essencialmente inevitáveis e constituem fatos naturais da existência. O que não quer dizer que nada se possa fazer a respeito. Ou que esses fatos não estejam envolvidos na questão da disciplina ética. É verdade que, de acordo com o budismo e outras filosofias religiosas indianas, o sofrimento é visto como uma conseqüência do *karma*. É totalmente errado supor, porém, como fazem muitos, tanto ocidentais quanto orientais, que isso significa que tudo o que vivemos é predeterminado. Muito menos pode servir de desculpa para alguém se eximir de suas responsabilidades, seja qual for a situação em que se encontre.

Já que o termo *karma* parece ter entrado no vocabulário cotidiano, talvez valha a pena esclarecer um pouco o conceito. *Karma* é uma palavra sânscrita que significa "ação". Designa uma força ativa, significando que o resultado dos acontecimentos futuros pode ser influenciado por nossas ações. Supor que *karma* é uma espécie de energia independente que predestina o curso de toda a nossa vida é incorreto. Quem cria o *karma?* Nós mesmos. O que pensamos, dizemos, fazemos, desejamos e omitimos cria o *karma*. À medida que escrevo, por exemplo, a própria ação cria novas circunstâncias e gera algum outro acontecimento. Minhas palavras causam uma reação na mente do leitor. Em tudo o que fazemos existe causa e efeito, sempre causa e efeito. Em nossa vida diária, a comida que ingerimos, o trabalho que realizamos e o nosso descanso, tudo é função da ação: nossa ação. Isso é o *karma*. Não podemos, portanto, sacudir os ombros sempre que nos defrontarmos com o sofrimento inevitável. Dizer que todo infortúnio é mero resultado do *karma* equivale a dizer que somos totalmente impotentes diante da vida. Se isso fosse verdade, não haveria motivo para se ter qualquer esperança. O melhor seria rezar pelo fim do mundo.

Uma avaliação apropriada de causa e efeito indica que, longe de sermos impotentes, há muito o que fazer para alterar nossa experiência de sofrimento. A velhice, as doenças e a morte são inevitáveis. No entanto, como no caso do sofrimento causado por emoções e pensamentos negativos, podemos escolher a forma de reagir. Basta observar em torno de nós: podemos tratar da situação de maneira mais desapaixonada e racional e assim disciplinar nossa reação ao sofrimento. Ou podemos apenas choramingar por causa de nossos infortúnios. E ficar frustrados. E deixar que as emoções aflitivas destruam nossa paz de espírito. Se não refrearmos nossa tendência a reagir negativamente ao sofrimento, este se transforma numa fonte de emoções e pensamentos negativos. Isso nos faz concluir que há uma relação evidente entre o impacto que o sofrimento exerce sobre nosso coração e nossa mente e a nossa disciplina interior.

Nossa atitude fundamental diante do sofrimento faz uma grande diferença na maneira como o experimentamos. Imaginem, por exemplo, duas pessoas sofrendo de uma forma idêntica de câncer terminal. A única diferença entre esses dois pacientes é a maneira como cada um deles encara a situação. Um acha que deve aceitá-la e, se possível, transformá-la numa oportunidade para desenvolver a força interior. O outro reage às circunstâncias com medo, amargura e ansiedade a respeito do futuro. Embora o sofrimento físico seja o mesmo, há uma diferença profunda na experiência dessas duas pessoas: no caso da última, em acréscimo ao sofrimento físico, existe a dor do sofrimento interior.

Isso mostra que o grau em que somos afetados pelo sofrimento depende em grande parte de nós mesmos e que é essencial manter uma perspectiva correta de nossa experiência de sofrimento. Quando olhamos um problema muito de perto, ele enche todo o nosso campo de visão e parece enorme. A distância, o mesmo problema é comparado a outras coisas e fica relativizado. Esse recurso simples faz uma tremenda diferença. Permite-nos verificar que, embora uma determinada situação possa ser verdadeiramente trágica, até o mais infeliz dos acontecimentos tem inumeráveis aspectos e pode ser abordado de muitos ângulos diferentes. Na realidade, é muito raro, se não impossível, encontrar uma situação que seja absolutamente negativa em todos os seus aspectos.

Quando a tragédia ou o infortúnio cruzam o nosso caminho, pode ajudar bastante fazer uma comparação com outro acontecimento, ou relembrar uma situação semelhante ou pior que tenha ocorrido conosco ou com outros antes de nós. Se conseguirmos realmente desviar o foco de atenção de nós mesmos para os outros, o efeito é uma sensação libertadora. Existe alguma coisa na dinâmica da preocupação excessiva consigo mesmo que tende a ampliar nosso sofrimento. Inversamente, quando o relacionamos com o sofrimento alheio, ele passa a ser mais suportável. E, na medida do possível, torna-se mais fácil manter a paz de espírito do que se nos concentrarmos em nossos problemas excluindo tudo o mais.

No que diz respeito à minha própria experiência, verifico que, por exemplo, quando recebo más notícias do Tibet – e, lamento dizer, isso acontece com bastante freqüência –, naturalmente minha reação imediata é de grande tristeza. Entretanto, quando situo o assunto em um contexto e digo a mim mesmo que a tendência humana fundamental para a afeição, a liberdade, a verdade e a justiça deverá acabar prevalecendo, vejo que me torno mais capaz de tolerar tudo razoavelmente bem. Mesmo depois de ouvir as piores notícias, é raro surgirem sentimentos de raiva impotente, que só servem para envenenar a mente, amargurar o coração e enfraquecer a vontade.

Vale a pena também lembrar que é quando enfrentamos as maiores dificuldades que temos mais oportunidade de crescer em termos de sabedoria e força interior. Com a abordagem certa – e aqui vemos mais uma vez a importância de desenvolver uma atitude positiva –, a experiência do sofrimento pode abrir nossos olhos para a realidade. Minha própria experiência de vida como refugiado ajudou-me a perceber o quanto o infindável protocolo, uma parte tão importante de minha vida no Tibet, era desnecessário. Constatamos também que nossa autoconfiança e nossa segurança podem desenvolver-se e nossa coragem pode ser fortalecida como conseqüência do sofrimento. Basta olhar o mundo à nossa volta. Em nossa comunidade de refugiados existem alguns sobreviventes de nossos primeiros anos de exílio que, apesar de terem sofrido de forma terrível, estão entre as pessoas mais fortes espiritualmente, mais alegres e despreocupadas que já tive o privilégio de conhecer. Inversamente, existem pessoas que têm tudo e, diante de contratempos relativamente insignificantes, perdem a esperança e o ânimo. É uma tendência natural da riqueza estragar-nos. O resultado é que fica progressivamente mais difícil suportar os problemas que todo ser humano enfrenta de tempos em tempos.

Vamos agora examinar quais são as opções que se oferecem quando de fato nos defrontamos com um determinado problema. Podemos deixar que ele nos domine. Podemos sair para um passeio ou tirar férias e ignorá-lo. A terceira possibilidade é enfrentar a situação imediatamente, o que envolve examiná-la, analisá-la, determinar suas causas e descobrir como lidar com ela.

Essa terceira opção pode aumentar nosso sofrimento a curto prazo, mas é claramente preferível às outras duas. Se tentarmos evitar ou negar um determinado problema simplesmente ignorando-o, bebendo, usando drogas, até mesmo utilizando algumas formas de meditação ou oração como busca de um alívio imediato, o problema permanecerá. Qualquer dessas abordagens é uma forma de se esquivar, não de resolver. E, uma vez mais, além do problema, haverá o desassossego mental e emocional. As aflições da ansiedade, do medo e da dúvida se acumularão. E podem levar à raiva e ao desespero, com todo o potencial para causar sofrimento à própria pessoa e aos outros.

Imaginem a desgraça de levar um tiro no estômago. A dor é lancinante. O que se deve fazer? É claro que é preciso remover a bala submetendo-se a uma cirurgia, o que é mais um trauma. Porém, o aceitamos para superar o problema inicial. Da mesma forma, há situações em que se torna necessário perder um órgão ou um membro para ter a vida salva. De novo, aceitamos esse sofrimento menor que nos poupará do grande sofrimento da morte. É apenas uma questão de bom senso submeter-se voluntariamente a uma provação para evitar um mal pior, apesar de nem sempre ser uma decisão fácil. Quando eu tinha seis ou sete anos, vacinaram-me contra a varíola. Se eu soubesse antes como seria doloroso, duvido que alguém pudesse convencer-me de que a vacina era um sofrimento menor do que a doença. Senti dor durante dez dias e ainda tenho quatro grandes cicatrizes como resultado!

Se a perspectiva de olhar de frente o sofrimento parece às vezes atemorizante, é bom lembrar que nenhuma das coisas que costumamos experimentar é permanente. Todos os fenômenos estão sujeitos a mudança e a declínio. Além disso, como já disse antes quando falei da realidade, nós nos enganaremos sempre que acharmos que nossa experiência de sofrimento – ou de felicidade – pode ser atribuída a uma única fonte. De acordo com a teoria da origem dependente, todas as coisas acontecem dentro de um contexto de inumeráveis causas e condições. Se isso não fosse verdadeiro, ficaríamos felizes sempre que entrássemos em contato com algo que consideramos bom e automaticamente tristes quando nos deparássemos com algo que consideramos mau. As causas da alegria e da dor seriam fáceis de identificar e a vida seria muito simples. Teríamos sempre bons motivos para nos apegar a um tipo de pessoa ou coisa e aborrecer-nos com outras ou querer evitá-las. Mas isso não é a realidade.

Pessoalmente, considero extremamente valioso o conselho a respeito de sofrimento que o grande estudioso e santo indiano Shantideva nos deu. É essencial, disse ele, quando se enfrentam dificuldades de qualquer espécie, não se deixar paralisar. Quando isso acontece, corremos o risco de ser totalmente esmagados por elas. Em vez disso, utilizando nossas faculdades críticas, devemos examinar a natureza do problema em si. Se descobrimos que existe a possibilidade de resolvê-lo por algum meio, a ansiedade é desnecessária. A atitude racional deve ser então dedicar toda a energia para buscar esse meio e em seguida agir. Se, ao contrário, verificamos que a natureza do problema não admite solução, não há por que se preocupar a respeito. Se nada pode mudar a situação, preocupar-se só piora as coisas. A abordagem de Shantideva pode parecer um tanto simplista fora do contexto da questão filosófica em que aparece como ponto alto de uma complexa série de reflexões.

Mas sua verdadeira beleza está nessa mesma simplicidade. E ninguém contestaria seu absoluto bom senso.

Quanto à possibilidade de o sofrimento ter realmente algum propósito, não vamos falar disso aqui. Mas basta pensar que, se a nossa experiência de sofrimento nos ajuda a compreender a experiência de sofrimento alheio, ela serve como um poderoso estímulo para praticar a compaixão e evitar causar dor aos outros. E, à medida que o sofrimento desperta nossa empatia e nos une aos outros, ele pode servir como base para a compaixão e o amor. Isso me faz lembrar o exemplo de um grande estudioso e religioso tibetano que passou mais de vinte anos na prisão suportando um tratamento dos mais terríveis, sendo até torturado, depois da invasão de nosso país. Naquela época, alguns dos seus alunos que tinham escapado para o exílio costumavam contar-me que as cartas escritas por ele e levadas clandestinamente para fora da prisão continham os mais profundos ensinamentos sobre amor e compaixão que já tinham visto. Os acontecimentos infelizes, apesar de serem potencialmente uma fonte de raiva e desespero, podem da mesma forma transformar-se em fonte de crescimento espiritual. O resultado vai depender da nossa forma de reagir.

CAPÍTULO 10

A necessidade de discernimento

Em nosso estudo a respeito de ética e desenvolvimento espiritual, falamos muito sobre a necessidade de disciplina. Isso pode parecer um tanto antiquado, até implausível, em uma época e em uma cultura que enfatizam tanto a gratificação pessoal. Creio, porém, que a imagem negativa que se tem de disciplina deve-se sobretudo à forma como a palavra é em geral compreendida. As pessoas tendem a associar a disciplina a alguma coisa que lhes é imposta contra a vontade. Por isso, quero repetir que a disciplina ética de que falamos aqui é algo que se adota voluntariamente, levando em conta o pleno reconhecimento de seus benefícios. Esse conceito não é nada fora do comum. Ninguém hesita em aceitar a disciplina quando se trata da saúde física. Quando os médicos nos recomendam uma dieta, evitamos alimentos que nos fazem mal – mesmo quando são os nossos favoritos – e procuramos comer os que nos fazem bem. E, apesar de ser verdade que a autodisciplina em seu estágio inicial, mesmo quando adotada voluntariamente, pode envolver privações e até um esforço expressivo, com o tempo isso diminui através da aplicação diligente e dos benefícios que começam a ser percebidos. É mais ou menos como desviar o curso de um rio. Primeiro, é preciso cavar para abrir o canal e construir as ribanceiras. Depois, quando a água é liberada, fazer ajustes aqui e ali. Quando o curso do rio está inteiramente estabelecido, porém, a água flui na direção desejada.

A disciplina ética é indispensável porque é o recurso mediador na disputa entre as exigências do nosso direito à felicidade e o direito dos outros. Naturalmente, há sempre os que dão tanta importância à própria felicidade que não fazem caso da dor alheia. Mas isso reflete uma visão estreita. Se o leitor aceita minha definição de felicidade, concorda que ninguém se beneficia verdadeiramente ao prejudicar os outros. Qualquer vantagem imediata que se obtenha às custas de alguém é forçosamente temporária. A longo prazo, prejudicar os outros e perturbar sua paz e felicidade geram ansiedade. Pelo fato de nossas ações exercerem um determinado impacto tanto em nós mesmos quanto nos outros, a falta de disciplina acaba produzindo sensações de ansiedade e inquietação que se insinuam aos poucos no fundo de nossa mente. Em contraposição, qualquer que seja o esforço exigido, disciplinar nossa reação aos pensamentos e emoções negativos nos causa menos problemas a longo prazo do que dar vazão ao egoísmo.

Vale a pena reafirmar que a disciplina ética envolve mais do que apenas contenção. Envolve também cultivar a virtude, as qualidades essenciais a um caráter íntegro. Quando essas qualidades estão presentes em nossa vida, tudo o que fazemos se transforma em um instrumento que beneficia toda a família humana. Mesmo nas ocupações diárias – seja cuidando dos filhos em casa, trabalhando em uma fábrica ou servindo à comunidade como médico, advogado, homem ou mulher de negócios, professor –, nossas ações contribuem para o bem-estar de todos. E como é a disciplina ética que torna disponíveis as qualidades que dão sentido e valor à nossa existência, não há dúvida que é algo que se deve adotar com entusiasmo e esforço consciente.

Antes de falar sobre como devemos aplicar essa disciplina interior à nossa interação com os outros, talvez seja interessante rever as premissas para definir a conduta ética no que se refere a não prejudicar. Como já vimos, em função da natureza complexa da realidade, é muito difícil dizer que um determinado ato ou tipo de ação é certo ou errado. A conduta ética não é, portanto, algo que adotamos porque é correta, mas porque reconhecemos que os outros, tal como nós, desejam ser felizes e não sofrer. Por essa razão, é difícil conceber um sistema ético significativo que não esteja ligado à nossa experiência de sofrimento e de felicidade.

É claro que, se quisermos entrar no campo da metafísica e começar a fazer perguntas complexas, o discurso ético pode tornar-se extremamente complicado. Mas, como a prática da ética não pode ser reduzida a um mero exercício de lógica ou à simples obediência às regras, acabamos voltando às questões fundamentais da felicidade e do sofrimento. Por que a felicidade é boa e o sofrimento é mau para nós? Talvez não haja uma resposta conclusiva. Mas sabemos que é da nossa natureza preferir a felicidade ao sofrimento, assim como é natural preferir o melhor ao que é apenas bom. Aspiramos à felicidade, não queremos o sofrimento, é só. Se quiséssemos ir mais longe e perguntar por que, certamente a resposta teria de ser algo como "É assim que são as coisas" ou, para os deístas, "Deus nos fez assim".

No que se refere ao caráter ético de uma determinada ação, já vimos como depende de inúmeros fatores. O tempo e as circunstâncias têm um peso importante na questão. A liberdade individual ou a falta dela também. Evidentemente, um ato negativo é mais sério quando quem o comete goza de plena liberdade, ao contrário do que é cometido por alguém forçado a agir contra a vontade. A falta de remorso flagrante num ato negativo que se repete torna-o mais grave do que um ato isolado. É preciso considerar também a intenção por trás da ação, assim como o seu conteúdo. O ponto principal, porém, refere-se ao estado espiritual da pessoa, o estado de seu coração e de sua mente (*kun long*) no momento da ação. Por ser, de modo geral, a área sobre a qual temos maior controle, é o elemento mais significativo para se determinar o caráter ético de nossos atos. Quando nossas intenções estão impregnadas de egoísmo, de ódio, de vontade de enganar, por mais que nossos atos pareçam ser construtivos, inevitavelmente seu impacto será negativo, para nós e para os outros.

Como, então, aplicar o princípio de não prejudicar quando se está diante de um dilema ético? É aí que entram o nosso juízo crítico, ou discernimento, e a nossa capacidade imaginativa, a que já me referi como sendo dois de nossos mais preciosos recursos e os que nos distinguem dos animais. Já vimos como as emoções aflitivas os destroem e como eles são importantes para se aprender a lidar com o sofrimento. No que diz respeito à prática da ética, são essas qualidades que nos permitem fazer a distinção entre os benefícios temporários e os duradouros, determinar o grau de conveniência ética das diferentes linhas de ação abertas diante de nós e avaliar o provável resultado de nossas ações, deixando de lado objetivos menores para alcançar os mais elevados. No caso de um dilema, precisamos em primeiro lugar considerar a peculiaridade da situação à luz daquilo que na tradição budista é chamado de "união de recursos hábeis e discernimento". "Recursos hábeis" é algo que pode ser compreendido como os esforços que fazemos para garantir que nossos atos sejam movidos pela compaixão. "Discernimento" refere-se às nossas faculdades críticas e à maneira como somos capazes de considerar os diferentes fatores envolvidos em adequar o ideal de não prejudicar o outro ao contexto da situação. Poderíamos chamar isso de faculdade de discernimento sábio.

Empregar essa faculdade – especialmente importante quando não se recorre à crença religiosa – implica examinar sempre a nossa perspectiva e questionar se nossa visão é larga ou estreita. Será que levamos em conta a situação geral ou estamos considerando apenas seus aspectos específicos? Do ponto de vista de curto ou de longo prazo? Não distinguimos bem ou conseguimos ver a situação com clareza? Nossa motivação é genuinamente compassiva e estendida à totalidade dos seres? Ou limita-se às nossas famílias, aos nossos amigos e àqueles com quem nos identificamos mais? Não é simples, mas conseguiremos discernir se nos dispusermos a pensar, pensar e pensar.

É claro que nem sempre será possível ter tempo para um discernimento cuidadoso. Às vezes temos de agir de imediato. É por isso que nosso desenvolvimento espiritual tem papel crucial em garantir que nossos atos sejam eticamente sólidos. Os atos espontâneos refletem nossos hábitos e nossa disposição naquele momento. Se estes não forem sadios, nossos atos serão forçosamente destrutivos. Ao mesmo tempo, acredito que é de grande auxílio ter um conjunto de preceitos éticos básicos para orientação na vida diária. Esses preceitos ajudam-nos a formar bons hábitos, embora eu deva acrescentar que, na minha opinião, é melhor encará-los menos como uma legislação moral e mais como uma espécie de lembretes para que os interesses dos outros estejam sempre presentes em nossa mente e em nosso coração.

No que se refere ao conteúdo de tais preceitos, talvez não exista melhor opção do que recorrer às diretrizes éticas formuladas não só por cada uma das grandes religiões do mundo como pela maior parte da tradição filosófica humanista. O consenso que existe entre elas, apesar das diferenças de opinião quanto aos fundamentos metafísicos, é a meu ver admirável. Todas estão de acordo com o princípio de que não se deve matar, roubar, mentir ou adotar uma má conduta sexual. Além disso, do ponto de vista dos fatores motivacionais, todas concordam que é necessário evitar o ódio, o orgulho, a intenção maldosa, a cobiça, a inveja, a ganância, a luxúria, as ideologias nocivas (como o racismo) e assim por diante.

Talvez algumas pessoas achem que as diretrizes relativas à conduta sexual não sejam realmente necessárias nestes tempos de métodos contraceptivos simples e eficazes. Entretanto, todos nós, seres humanos, somos naturalmente atraídos para objetos externos, seja por meio dos olhos, quando somos atraídos pelas formas, dos ouvidos, quando a atração se relaciona aos sons, ou por meio de qualquer dos outros sentidos. Cada um deles tem potencial para ser uma fonte de dificuldades para nós. E a atração sexual envolve os cinco sentidos. Como resultado, quando o desejo extremo acompanha a atração sexual, pode causar-nos enormes problemas. Creio que é esse o fato reconhecido pelas diretrizes éticas contra os desvios de conduta sexual formulados pelas grandes religiões. E, pelo menos na tradição budista, lembram-nos a tendência que tem o desejo sexual de tornar-se obsessivo, podendo chegar a um ponto em que não deixa lugar na vida da pessoa para qualquer atividade construtiva. Nesse contexto, examinemos, por exemplo, um caso de infidelidade. Considerando-se que a conduta ética íntegra implica levar em conta o impacto de nossas ações não apenas em nós mesmos, mas também nos outros, é preciso pensar nos sentimentos de terceiros. Além da violência com que a infidelidade afeta o parceiro, dada a confiança que está subentendida no relacionamento, existem os efeitos que essa reviravolta familiar pode ter sobre os filhos. Hoje é quase universalmente aceita a tese de que são eles as principais vítimas da desintegração das famílias e das relações pouco saudáveis em casa. Da perspectiva da pessoa que comete o ato, deve-se considerar ainda a possibilidade de desintegração gradual do respeito próprio. A infidelidade pode acarretar também outras atitudes negativas graves, sendo a mentira e o engano talvez as menores delas. Uma gravidez inesperada, por exemplo, pode levar uma pessoa em desespero a tentar um aborto.

Vistos assim, é óbvio que os prazeres momentâneos proporcionados pelo adultério têm peso muito inferior aos riscos de seu possível impacto negativo na própria pessoa e nos outros. Portanto, em vez de encarar a repressão à má conduta sexual como um limite à liberdade, devemos vê-la como uma forma sensata de lembrar que tais ações afetam o bem-estar de todos os envolvidos.

Será que isso significa que apenas seguir preceitos é mais importante do que ter um sábio discernimento? Não. A conduta eticamente íntegra depende de aplicarmos o princípio de não prejudicar. Contudo, fatalmente existem situações em que qualquer linha de ação parece obrigar à quebra de um preceito. Sob tais circunstâncias, temos de usar a inteligência para julgar qual dessas linhas de ação será menos prejudicial a longo prazo. Imaginem uma situação em que vemos alguém fugindo de um grupo de pessoas armadas com facas que pretendem claramente atacar o fugitivo. Vemos este último entrar por uma porta e desaparecer. Momentos depois, um dos perseguidores aproxima-se e pergunta se sabemos para que lado ele foi. Não queremos mentir para não faltar com a verdade ou trair a confiança de quem nos pergunta. Mas, por outro lado, se dissermos a verdade, podemos contribuir para a morte ou a dor física de um semelhante. Qualquer que seja a nossa decisão, a atitude correta parece sempre ter um aspecto negativo. Em uma situação dessas, evitar que se faça mal a alguém é o propósito mais elevado, e talvez justifique dizer "Não o vi" ou, mais vagamente, "Acho que ele foi para o outro lado". Temos de levar em conta a situação como um todo e pesar as vantagens de dizer uma mentira e fazer o que consideramos menos danoso. Em outras palavras, o valor moral de um determinado ato deve ser julgado em relação não só ao tempo, ao lugar e às circunstâncias como também aos interesses de todos os envolvidos no exato momento e no futuro. Todavia, é concebível que um determinado ato seja eticamente íntegro sob certo conjunto especial de circunstâncias e não o seja em outro tempo e lugar e em circunstâncias diferentes.

O que devemos fazer, então, quando se trata dos outros? O que fazer quando alguém parece estar claramente envolvido em ações que consideramos erradas? A primeira coisa a lembrar é que, a menos que conheçamos cada detalhe de todas as circunstâncias – tanto externas quanto internas –, jamais poderemos distinguir com clareza suficiente uma situação individual a ponto de julgar com certeza absoluta o conteúdo moral das ações alheias. É evidente que existem situações extremas em que o caráter negativo dos atos dos outros será flagrante. Mas não é o que acontece na maioria das vezes. É por isso que vale muito mais a pena ficarmos atentos a uma única deficiência nossa do que às mil deficiências de uma outra pessoa. Porque, quando o defeito é nosso, temos condições de corrigi-lo.

Ainda assim, lembrando que há uma distinção a ser feita entre uma pessoa e seus atos, podemos nos deparar com circunstâncias em que é conveniente tomar uma atitude. Na vida cotidiana é normal e apropriado adaptar-se até certo ponto aos amigos e conhecidos e respeitar seus desejos. A habilidade para fazê-lo é considerada uma boa qualidade. Mas quando nos relacionamos com gente que indiscutivelmente tem um comportamento negativo, que busca apenas vantagens pessoais e ignora os outros, corremos o risco de perder nosso senso de direção. E nossa capacidade de ajudar os outros fica ameaçada. Há um provérbio tibetano que diz que, quando nos deitamos numa montanha de ouro, um pouco do ouro fica agarrado em nós, e que o mesmo acontece quando nos deitamos numa montanha de imundícies. Agimos certo evitando o convívio com pessoas ruins, apesar de ser preciso ter o cuidado de não afastá-las completamente de nossas vidas. Haverá certamente alguma ocasião em que pode ser necessário tentar impedi-las de continuar agindo mal – desde que, é claro, nossos motivos sejam puros e nossos métodos não causem mal. Mais uma vez, os princípios norteadores devem ser a compaixão e o discernimento.

O mesmo se aplica aos dilemas éticos que estão relacionados à sociedade, em especial às questões levantadas pela ciência e pela tecnologia modernas, que oferecem grandes dificuldades e desafios. No campo da medicina, por exemplo, já é possível prolongar a vida em casos que há poucos anos seriam considerados sem esperança. O que é, sem dúvida, motivo de grande alegria. Mas é bastante freqüente, porém, surgirem daí questões complicadas e muito delicadas acerca dos limites dos cuidados prestados aos pacientes. Penso que não deve haver nenhuma regra geral a esse respeito, e sim uma multiplicidade de considerações cabíveis que possam ser avaliadas à luz da razão e da compaixão. Quando é necessário tomar uma decisão difícil em nome de um paciente, deve-se levar em conta todos os elementos, diferentes em cada caso. Ao prolongar a vida de uma pessoa em estado crítico, mas cuja mente permanece lúcida, por exemplo, dá-se a ela a oportunidade de pensar e sentir de uma forma que apenas os seres humanos são capazes. Por outro lado, é preciso avaliar se as medidas extremas para mantê-la viva resultarão em grande sofrimento físico e mental. Porém, esse não é um fator prioritário. Como alguém que acredita na continuação da consciência depois da morte do corpo, eu argumentaria que é preferível sentir dor neste corpo humano. Pelo menos desfrutamos as vantagens dos cuidados dos outros, enquanto que, se optarmos por morrer, podemos descobrir que precisamos suportar sofrimentos sob outra forma.

Se o paciente não está consciente e portanto não participa do processo de tomada de decisão, a questão é outra. E, ainda por cima, deve-se levar em conta os desejos dos membros da família, pois os cuidados prolongados podem causar imensos problemas para eles. Por exemplo: quando a despesa para manter uma vida afeta outros projetos que beneficiariam muitas outras. Se é que existe um princípio geral a seguir, penso que seja simplesmente reconhecer a suprema preciosidade da vida e procurar fazer com que, ao chegar a hora, a pessoa se vá tão serena e pacificamente quanto possível.

Em áreas como a genética e a biotecnologia, o princípio de não prejudicar toma especiais proporções pelo fato de haver vidas em jogo. Quando a motivação por trás dessas pesquisas é apenas lucro e fama, ou quando são levadas adiante sem nenhuma razão significativa, elas dão margem a que se questione até onde vão chegar. Estou pensando particularmente no desenvolvimento de técnicas para a manipulação de atributos físicos na reprodução humana, tais como o sexo e até a cor dos cabelos e dos olhos, técnicas que podem ser usadas comercialmente para explorar os preconceitos dos pais. Permitam-me dizer, então, que, embora seja difícil colocar-se categoricamente contrário a todas as formas de experiências genéticas, esta é uma área tão delicada que é essencial que todos os envolvidos prossigam com cautela e profunda humildade. Essas pessoas devem ter plena consciência do potencial que existe para o mau uso de suas experiências. É vital que tenham em mente as implicações mais amplas de suas atividades e, mais importante, que seus motivos sejam genuinamente compassivos. Porque, se o princípio geral por trás desse trabalho é apenas a utilidade, e se o que é considerado inútil pode ser legitimamente utilizado para beneficiar o que se considera útil, então nada nos impede de subordinar os direitos dos que pertencem à primeira categoria aos dos que fazem parte da última. O atributo de utilidade jamais poderá justificar a privação dos direitos individuais. Esse é um terreno altamente perigoso e escorregadio.

Assisti recentemente na televisão a um documentário da BBC sobre clonagem. Utilizando imagens geradas por computador, o filme mostrava uma criatura na qual cientistas trabalhavam, uma espécie de ser semi-humano, com olhos grandes e vários outros traços humanos reconhecíveis, deitado em uma jaula. É claro que isso hoje não passa de fantasia, mas, explicaram eles, pode-se prever um tempo em que será possível criar seres assim. Ao se desenvolverem, seus órgãos e outras partes de sua anatomia seriam usados como "peças de reposição" em cirurgias para benefício dos seres humanos. Fiquei absolutamente estarrecido com aquilo. Ah, que coisa terrível! Não seria levar ao extremo o empenho científico? A idéia de que algum dia possamos de fato criar seres sensíveis com essa finalidade específica é algo que me horroriza. Diante dessa possibilidade, tive a mesma sensação que experimento quando me defronto com experiências com fetos humanos.

Fica difícil saber como é possível impedir tais coisas se as pessoas não disciplinam suas próprias ações. Sim, podemos promulgar leis. Sim, podemos criar códigos internacionais de conduta – e deveríamos ter ambas as coisas. No entanto, se os cientistas, individualmente, não tiverem a menor noção de que aquilo que estão fazendo é grotesco, destrutivo e extremamente negativo, então não há nenhuma expectativa real de se colocar um fim nessas atividades inquietantes.

E o que dizer de assuntos como a vivissecção, em que a rotina é submeter animais vivos a terríveis sofrimentos antes de matá-los a pretexto de promover os conhecimentos científicos? Quanto a isso, só tenho a dizer que, para um budista, essas práticas são igualmente chocantes. Só me resta esperar que os rápidos progressos que se têm verificado na tecnologia de computação contribuam para que haja cada vez menos necessidade de experiências com animais nas pesquisas científicas. Um ponto positivo na evolução da sociedade moderna, junto com o crescente reconhecimento da importância dos direitos humanos, é a maneira como as pessoas se preocupam mais com os animais. Há, por exemplo, uma consciência cada vez maior da crueldade que se pratica nas fazendas dedicadas à criação industrial. Parece, também, que mais e mais pessoas interessam-se pelo vegetarianismo e estão diminuindo seu consumo de carne. Saúdo isso com alegria. Minha esperança é que, no futuro, esse cuidado se estenda até as menores criaturas do mar.

Agora, porém, talvez caiba uma palavra de advertência. As campanhas para proteger a vida humana e animal são causas nobres. Mas é essencial que, ao nos envolvermos nas grandes causas, não percamos de vista os direitos cotidianos dos que estão mais próximos de nós. Precisamos ter certeza de que estamos usando nosso discernimento de maneira sensata na busca de nossos ideais.

Exercer nossa faculdade de julgamento no domínio da ética implica assumir responsabilidades tanto por nossos atos quanto por suas motivações. Se não nos responsabilizamos pelas razões que motivam nossos atos, sejam elas positivas ou negativas, o potencial para o dano é muito maior. Como sabemos, as emoções negativas são a origem do comportamento antiético. Cada um de nossos atos afeta não só as pessoas mais próximas de nós como também nossos colegas de trabalho, nossos amigos, a comunidade e, em última análise, o mundo em que todos nós vivemos.

Parte III
Ética e sociedade

CAPÍTULO 11

Responsabilidade universal

Acredito que cada um de nossos atos tem uma dimensão universal. Por causa disso, a disciplina ética, a conduta íntegra e um discernimento cuidadoso são elementos decisivos para uma vida feliz e significativa. Vamos agora examinar essa proposição no que se refere à comunidade em geral.

No passado, as famílias e as pequenas comunidades podiam existir de forma mais ou menos independente umas das outras. Se levassem em conta o bem-estar dos vizinhos, tanto melhor, mas eram capazes de sobreviver isoladas. Não é mais assim. A realidade atual é tão complexa e, ao menos no plano material, tão claramente interligada, que é preciso ver as coisas sob um novo ângulo. A economia moderna ilustra isso de modo significativo. Uma quebra na bolsa de valores de um dos lados do globo pode ter conseqüências diretas sobre a economia de países situados do lado oposto. De maneira semelhante, nossas conquistas tecnológicas são agora de tal ordem que nossas atividades têm um efeito indiscutível no meio ambiente. E o próprio tamanho da população mundial remete para o fato de não podermos mais nos permitir ignorar os interesses dos outros. Esses interesses estão na realidade tão entrelaçados que, ao atender aos nossos interesses, estamos beneficiando os dos outros, mesmo que não tenha sido essa a nossa intenção. Quando duas famílias utilizam a mesma fonte de água, cuidar para que ela não fique poluída é uma atitude que beneficia ambas.

Em vista disso, estou convencido de que é imprescindível cultivarmos o que chamo de responsabilidade universal. Talvez não seja essa a tradução exata do termo tibetano que tenho em mente, *chi sem*, que significa, literalmente, "consciência" (*sem*) universal (*chi*). Embora em tibetano a idéia de responsabilidade esteja mais implícita do que expressa formalmente, não há dúvida que está presente. Quando digo que, através da consideração pelo bem-estar dos outros, podemos – e devemos – desenvolver uma noção de responsabilidade universal, não estou afirmando que cada um seja diretamente responsável pela ocorrência de – para citar um exemplo – guerras e fome em diferentes partes do mundo. É verdade que faz parte da prática do budismo lembrarmos constantemente nosso dever de servir a todos os seres sensíveis de todos os universos. De modo semelhante, os deístas reconhecem que a devoção a Deus implica devotar-se também ao bem-estar de todas as Suas criaturas. Mas é evidente que certas coisas, como a pobreza de uma única aldeia a dez mil quilômetros de distância, estão completamente fora do alcance de um só indivíduo. A questão não é, portanto, admitir culpa, mas, outra vez, reorientar nossos corações e mentes para os outros. Desenvolver uma noção de responsabilidade universal – da dimensão universal de cada um de nossos atos e do igual direito de todos os outros à felicidade – é desenvolver uma disposição de espírito que nos faz preferirmos aproveitar qualquer oportunidade de beneficiar os outros a cuidar apenas de nossos restritos interesses pessoais. E, apesar de não podermos fazer nada além de nos preocuparmos com o que está fora de nosso alcance, aceitamos isso como parte das limitações da vida e nos concentramos em fazer o que podemos.

Uma das grandes vantagens de desenvolver essa noção de responsabilidade universal é nos tornarmos sensíveis a todos os seres – e não só aos que estão mais perto de nós. Passamos a ver melhor a necessidade de cuidar antes de tudo daqueles membros da família humana que sofrem mais. Reconhecemos a necessidade de procurar não causar divergências entre nossos semelhantes. E nos tornamos mais conscientes da importância imensa de promover um estado de satisfação.

Quando negligenciamos o bem-estar dos outros e ignoramos a dimensão universal de nossos atos, fazemos uma distinção entre nossos interesses e os interesses dos outros. Não nos damos conta da uniformidade da família humana. Sem dúvida, é fácil apontar numerosos fatores que se opõem a essa noção de unidade: diferenças de crença religiosa, de língua, de costumes, de culturas, etc. Se, porém, damos demasiada ênfase a diferenças superficiais e por causa delas fazemos rígidas discriminações, não há como evitar um acréscimo de sofrimento e desgaste para nós e para os outros – o que não faz sentido. Já temos problemas demais neste mundo. Todos, sem exceção, temos de enfrentar a morte, a velhice e doenças, sem falar nas perdas e decepções – estas não temos mesmo como evitar. Não é o bastante? Para que criar problemas desnecessários por causa de maneiras diferentes de pensar ou diferentes cores de pele?

Avaliando essas realidades, vemos que a ética e a necessidade pedem uma mesma reação. Para superar nossa tendência de ignorar as necessidades e os direitos dos outros, precisamos continuamente lembrar a nós mesmos o que é óbvio: que basicamente todos somos iguais. Eu venho do Tibet, e a maioria dos leitores deste livro não será de tibetanos. Se eu encontrasse cada leitor em pessoa e olhasse para ele com atenção, verificaria que quase todos têm de fato características superficialmente diferentes das minhas. Se me concentrasse nessas diferenças, iria com certeza ampliá-las e transformá-las em algo importante. Mas o resultado seria ficarmos mais distantes do que próximos. Se, ao contrário, eu olhasse para cada um como alguém de minha própria espécie – um ser humano como eu, com um nariz, dois olhos, etc. –, ignorando diferenças de forma e de cor, a noção de distância automaticamente se dissiparia. Eu veria que somos feitos da mesma carne humana e que, além disso, assim como eu quero ser feliz e não sofrer, os outros também querem. Ao reconhecer isso, eu me sentiria naturalmente inclinado para eles. E a consideração por seu bem-estar viria quase que espontaneamente.

Entretanto, embora a maioria das pessoas esteja disposta a aceitar a necessidade de unidade dentro de seu próprio grupo e, junto com isso, a necessidade de levar em consideração o bem-estar dos outros, a tendência é descuidar-se do resto da humanidade. Ao fazê-lo, deixamos de lado não só a natureza interdependente da realidade como a própria realidade de nossa situação. Se fosse possível um grupo, uma raça ou uma nação adquirir satisfação e realização completas mantendo-se totalmente independente dentro dos limites de sua própria sociedade, então talvez se pudesse argumentar que a discriminação dos forasteiros é justificável. Mas não é o caso. Na realidade, no mundo moderno, não se considera mais que os interesses de uma comunidade em particular estejam confinados a suas próprias fronteiras.

Cultivar a noção de satisfação é, portanto, crucial para que se mantenha uma coexistência pacífica. A insatisfação traz a cobiça, que nunca pode ser saciada. Se o que o indivíduo procura é por natureza infinito, como a qualidade da tolerância, a satisfação passa a ser irrelevante: quanto mais estimulamos nossa capacidade de tolerância, mais tolerantes nos tornamos. No que se refere a qualidades espirituais, a satisfação não é necessária, pois é desejável que estejamos sempre em busca de crescimento. Mas, se o que buscamos é finito, o perigo é que, ao conquistá-lo, não fiquemos satisfeitos. No caso do desejo da riqueza, ainda que a pessoa conseguisse tomar conta da economia de todo um país, é muito provável que em seguida começasse a pensar em conquistar a de outros países. O desejo pelo que é finito nunca é de fato satisfeito. Por outro lado, quando desenvolvemos a satisfação, nunca nos decepcionamos nem nos desiludimos.

A falta de satisfação – que vem a ser a ganância – planta a semente da inveja e da competitividade agressiva e leva a uma cultura de excessivo materialismo. A atmosfera negativa que estabelece cria um contexto propício a todos os tipos de doenças sociais que trazem sofrimento aos membros da comunidade. Se a ganância e a inveja não tivessem efeitos colaterais, talvez fossem um problema a ser resolvido apenas pela comunidade. Porém, mais uma vez, esse não é o caso. Em particular, a falta de satisfação é uma das origens da destruição de nosso meio ambiente e, conseqüentemente, dos males causados a outros. Que outros? Principalmente os pobres e os fracos. Em uma mesma comunidade, os ricos podem mudar de endereço, digamos, para evitar os efeitos dos altos níveis de poluição, mas os pobres não têm escolha.

Também os povos de nações mais pobres, que não têm recursos para lidar com esse tipo de problema, sofrem por causa dos excessos das nações ricas, além de terem de enfrentar os problemas resultantes da poluição gerada por sua tecnologia atrasada. As próximas gerações certamente vão sofrer. E nós também. Como? Temos de viver em um mundo que estamos ajudando a criar. Se a nossa opção é não modificar nosso comportamento com relação à igualdade de direitos dos outros, muito em breve começaremos a sofrer as conseqüências negativas dessa atitude. Imaginem a poluição produzida por mais dois bilhões de carros, por exemplo. Afetaria todos. Sendo assim, a satisfação não é meramente uma questão ética. Se desejamos evitar o aumento do sofrimento, trata-se de uma necessidade.

Essa é uma das razões por que acredito que a cultura de incessante crescimento econômico precisa ser questionada. Do meu ponto de vista, ela promove insatisfação e acarreta um grande número de problemas, tanto sociais quanto ambientais. A devoção irrestrita ao desenvolvimento material costuma vir acompanhada do descaso por suas implicações para a comunidade mais ampla. Mais uma vez, a questão não é haver uma defasagem entre o Primeiro e o Terceiro Mundos, Norte e Sul, desenvolvidos e subdesenvolvidos, ricos e pobres, imoral ou errada. São as duas coisas. De certa forma, o mais significativo é o fato de essa desigualdade ser uma fonte de dificuldades para todos. Se a Europa, por exemplo, constituísse o mundo inteiro e não um lugar onde vive dez por cento da população mundial, a ideologia predominante de crescimento sem fim talvez fosse justificável. Porém, o mundo não é só a Europa, e em outros lugares há gente passando fome. E onde existem desequilíbrios tão profundos as conseqüências são negativas para todos, mesmo que não sejam diretas, já que os ricos também sentem os reflexos da pobreza em suas vidas diárias: as câmeras de vigilância e as grades protetoras nas janelas denunciam a perda da tranqüilidade.

A responsabilidade universal também nos leva a um compromisso com o princípio da honestidade. O que quero dizer com isso? Podemos pensar em honestidade e desonestidade nos mesmos termos da relação entre aparência e realidade – às vezes elas são concomitantes, mas muitas vezes não. Quando são, trata-se da honestidade como a entendo. Somos honestos quando nossas ações são o que parecem ser. Quando aparentamos ser o que na realidade não somos, despertamos suspeitas que se transformam em medo. E o medo é algo que todos queremos evitar. Inversamente, quando nossa interação com os que nos são próximos é aberta e sincera em tudo o que dizemos, pensamos e fazemos, ninguém precisa ter medo de nós. Isso vale tanto para as pessoas quanto para as comunidades. Quando compreendemos a importância da honestidade em tudo o que fazemos, constatamos que, em última análise, não há diferença entre as necessidades individuais e as necessidades de toda a comunidade. Os números diferem, mas o desejo e o direito de ninguém ser enganado são os mesmos. Portanto, quando assumimos o nosso compromisso pessoal com a verdade, ajudamos a diminuir o nível de desentendimentos, dúvidas e temores da sociedade. De uma forma modesta mas significativa, criamos condições para um mundo mais feliz.

A questão da justiça está intimamente ligada tanto à responsabilidade universal quanto à questão da honestidade. A justiça implica a obrigação de agir quando se tem consciência da injustiça. Não o fazer é um erro, ainda que não seja um erro que nos torne intrinsecamente maus. Se a hesitação provém do egocentrismo, porém, temos aí um problema. Se nossa reação à injustiça é perguntar: "O que vai acontecer comigo se eu me manifestar? Talvez isso indisponha as pessoas contra mim", nossa atitude é antiética porque não estamos levando em conta as implicações mais amplas de nosso silêncio. É também inadequado e pouco salutar no que se refere ao direito dos outros de evitar o sofrimento e serem felizes. O mesmo se aplica – talvez com mais propriedade – quando governos ou instituições afirmam que "isso cabe a nós" ou "essa é uma questão interna". Nessas circunstâncias, manifestar-se é não só um dever pessoal como sobretudo um serviço que se presta aos outros.

Pode-se alegar que nem sempre é possível agir assim, que precisamos ser "realistas". Nossa situação talvez não nos permita agir em todas as ocasiões de acordo com nossas responsabilidades. Nossas famílias podem ser prejudicadas se, por exemplo, protestarmos contra alguma injustiça. Contudo, mesmo tendo de considerar a realidade diária de nossas vidas, é imprescindível manter uma perspectiva mais abrangente. Temos de avaliar nossas necessidades individuais com relação às necessidades dos outros e examinar como nossas ações e omissões vão afetá-las a longo prazo. É difícil criticar aqueles que temem por seus entes queridos. Mas de vez em quando será necessário correr riscos para beneficiar a comunidade em geral.

A noção de responsabilidade pelos outros também significa que, como indivíduos e como uma sociedade de indivíduos, temos o dever de zelar por cada membro de nossa sociedade. Indistintamente, seja qual for a sua capacidade física ou mental. Como nós, eles têm direito à felicidade e a não sofrer. É preciso evitar a todo custo que aqueles que padecem cruelmente sejam isolados como se fossem um estorvo. O mesmo se aplica aos doentes e marginalizados. Afastá-los seria acrescentar-lhes mais sofrimento. Se estivéssemos na mesma situação, gostaríamos de contar com a ajuda dos outros. Precisamos, portanto, criar garantias para que os enfermos e incapacitados jamais se sintam desamparados, rejeitados ou desprotegidos. Creio, na verdade, que a afeição que demonstramos a essas pessoas é a medida de nossa saúde espiritual não só no plano individual como no âmbito da sociedade como um todo.

Posso parecer irremediavelmente idealista com toda essa conversa sobre responsabilidade universal. Seja como for, é uma idéia que venho expondo publicamente desde a minha primeira visita ao Ocidente, em 1973. Naquela época havia muito ceticismo a esse respeito. Nem sempre era fácil despertar o interesse das pessoas para o conceito de paz mundial. Fico satisfeito ao observar que, hoje em dia, um número cada vez maior de pessoas começa a reagir de modo favorável a essas idéias.

Sinto que os muitos acontecimentos extraordinários que a humanidade vivenciou no decorrer do século XX deram-lhe mais maturidade. Nas décadas de 1950 e 1960, e em alguns lugares mais recentemente, muita gente achava que os conflitos deveriam ser resolvidos com guerras. Hoje apenas uma minoria ainda pensa assim. Enquanto no início do século muitos acreditavam que o progresso e o desenvolvimento dentro da sociedade deveriam ser obtidos à custa de estrita e opressiva arregimentação política, o colapso do fascismo, seguido mais tarde pelo desaparecimento da chamada Cortina de Ferro, revelou que o projeto era inviável. Foi mais uma lição da história provando que a ordem imposta pela força tem vida curta. Além disso, o consenso (também entre alguns budistas) de que ciência e espiritualidade são incompatíveis já não se mantém com tanta firmeza. Atualmente, à medida que se aprofundam os conhecimentos científicos sobre a natureza da realidade, essa percepção vai mudando. Por causa disso, as pessoas estão começando a demonstrar mais interesse por aquilo que chamei de nosso mundo interior, ou seja, a dinâmica e as funções da consciência ou espírito: nossos corações e mentes. Houve também em todo o mundo um aumento da conscientização ambiental e um reconhecimento cada vez maior de que nem os indivíduos nem as nações podem resolver seus problemas sozinhos, de que precisamos uns dos outros. Para mim, tudo isso são avanços encorajadores que decerto terão conseqüências de grande projeção. Um outro fato que muito me estimula é que, seja qual for o método de implementação, ao menos já se admite claramente a necessidade de buscar soluções não violentas para os conflitos dentro de um espírito reconciliador. Há também, como já observamos, uma aceitação crescente da universalidade dos direitos humanos e da necessidade de admitir a diversidade em áreas de importância comum, como as questões religiosas, por exemplo. Acredito que isso reflete a percepção de que é imprescindível ampliar a perspectiva em função da diversidade da própria família humana. Como resultado de todas essas coisas, e apesar do sofrimento que continua sendo imposto a pessoas e povos em nome de ideologias, de religiões, do progresso, do desenvolvimento ou da economia, uma nova esperança está surgindo para os oprimidos. Não há dúvida que será difícil produzir paz e harmonia genuínas, mas percebe-se nitidamente que isso pode ser feito. O potencial está aí. E seu fundamento é a noção da responsabilidade de cada indivíduo por todos os outros.

Capítulo 12

Níveis de compromisso

É desenvolvendo uma atitude de responsabilidade pelos outros que começamos a criar o mundo mais bondoso e compassivo com que todos sonhamos. O leitor pode ou não concordar com minha defesa da responsabilidade universal. Entretanto, se é correto que, por causa da natureza interdependente da realidade, a distinção que costumamos fazer entre o eu e o outro é de certa forma exagerada, e por isso nossa meta deve ser estender a nossa compaixão a todos, a conclusão inevitável é que a compaixão – que leva à conduta ética – está no centro de todas as nossas ações, pessoais e sociais. Além do mais, apesar de evidentemente podermos discutir os detalhes, estou convencido de que responsabilidade universal significa ainda que a compaixão pertence também à arena política. A responsabilidade universal é uma inspiração para a nossa maneira de conduzir a vida diária se quisermos ser felizes, no sentido em que defini felicidade. Espero que tenha ficado claro que não estou pedindo a ninguém para abandonar sua maneira de viver atual e adotar alguma nova regra ou um novo modo de pensar. Minha intenção é dar a entender que as pessoas, mantendo sua vida costumeira de todos os dias, podem mudar, tornando-se melhores, mais compassivas e mais felizes. E assim começarmos a implementar nossa revolução espiritual.

O trabalho de uma pessoa em qualquer ocupação modesta é tão relevante para o bem-estar da sociedade quanto o de um médico, um professor, um monge ou uma freira. Toda atividade humana é potencialmente valiosa e nobre. Qualquer trabalho motivado pelo desejo de contribuir para o bem-estar dos outros será sempre um benefício para toda a comunidade. Quando falta consideração pelos sentimentos e bem-estar dos outros, nossas atividades acabam se corrompendo. Quando faltam sentimentos humanos básicos, a religião, a política, a economia e tudo o mais podem se transformar em algo sórdido. Em vez de servirem à humanidade, tornam-se agentes de sua destruição.

Por isso, não basta desenvolver uma noção de responsabilidade universal, precisamos na verdade ser pessoas responsáveis. Enquanto não pusermos nossos princípios em prática, eles continuarão sendo apenas princípios. Assim, por exemplo, o político que é de fato uma pessoa responsável age com honestidade e integridade. O homem ou a mulher de negócios que é uma pessoa responsável leva em conta as necessidades dos outros em cada negócio que realiza. O advogado responsável usa seus conhecimentos e talento para lutar pela justiça.

É claro que é difícil estabelecer com precisão como o nosso comportamento deve moldar-se para corresponder ao compromisso com o princípio da responsabilidade universal. Não tenho nenhum padrão em especial a sugerir. Minha esperança é que você, leitor, ao se sensibilizar com o que está escrito aqui, procure ser compassivo em seu dia-a-dia e, movido pela noção de responsabilidade pelos outros, faça o possível para ajudá-los. Mesmo com pequenos gestos. Quando passar por uma torneira aberta, você a fechará. Se vir uma luz acesa desnecessariamente, você a apagará. Se encontrar alguém que pratica uma fé diferente da sua, vai demonstrar-lhe o mesmo respeito que espera que lhe demonstrem. Ou, se for um cientista e descobrir que a pesquisa em que está trabalhando pode de alguma forma causar mal aos outros, vai abandoná-la levado por sua noção de responsabilidade. De acordo com seus próprios recursos e reconhecendo as limitações de suas circunstâncias, você fará o que puder. Afora isso, não estou pedindo que ninguém assuma qualquer outro compromisso. E se em alguns dias suas ações forem mais compassivas do que em outros, aceite esse fato como normal. Além disso, se o que eu digo não lhe parece útil, não importa. O importante é que qualquer sacrifício, qualquer coisa que façamos pelos outros, seja voluntário e motivado pela compreensão do benefício que nossa ação vai proporcionar.

Em uma recente visita a Nova York, um amigo contou-me que o número de bilionários na América do Norte, em poucos anos, passou de dezessete a várias centenas de pessoas. Simultaneamente, os pobres continuam pobres e em alguns casos estão ficando ainda mais pobres. Considero tal coisa completamente imoral. E também uma fonte de problemas. Enquanto milhões de pessoas não dispõem do mínimo necessário para viver – alimentação adequada, moradia, educação e tratamento médico –, a desigualdade da distribuição de riqueza é um escândalo. Se todos tivessem o suficiente para suprir as suas necessidades e um pouco mais, então talvez um estilo de vida luxuoso fosse admissível. Se a pessoa realmente desejasse viver assim, seria difícil alegar que deveria conter-se, pois ela tem o direito de viver como acha melhor. Mas não é assim que as coisas se passam. Neste mundo em que vivemos há lugares em que se joga comida fora e há gente por perto – nossos semelhantes, incluindo crianças inocentes – que é obrigada a revolver o lixo em busca de alimento, e muitos passam fome. Portanto, embora não possa dizer que a vida de luxo dos ricos esteja errada, desde que eles gastem seu próprio dinheiro e o ganhem honestamente, insisto em afirmar que ela não tem valor, que é um tipo de vida que estraga as pessoas.

Outra coisa que me chama a atenção é o estilo de vida dos ricos ser muitas vezes absurdamente complicado. Um amigo meu que ficou hospedado na casa de uma família muito rica contou-me que, sempre que iam tomar banho de piscina, recebiam um roupão que era trocado por um limpo cada vez que usavam a piscina, mesmo que o fizessem diversas vezes por dia. Extraordinário! Ridículo, até. Não vejo em que isso torna a vida de alguém mais confortável. Nós humanos temos apenas um estômago. Há um limite para a quantidade de comida que podemos ingerir. Temos também apenas dez dedos, de modo que não podemos usar cem anéis. Qualquer que seja o argumento a favor da escolha, os que temos em excesso não têm nenhum propósito no momento em que estamos de fato usando um único anel. O resto fica guardado nas caixas, sem utilidade nenhuma. Como expliquei certa vez para os membros de uma família indiana imensamente rica, o uso correto da riqueza está nas contribuições para atividades filantrópicas. Naquele caso em particular, sugeri – já que eles perguntaram – que talvez gastar seu dinheiro em educação fosse o melhor que poderiam fazer. O futuro do mundo está nas mãos de nossas crianças. Se quisermos ter uma sociedade mais compassiva – e portanto mais justa –, é essencial educarmos nossas crianças para serem adultos responsáveis e zelosos. Quando alguém nasce rico ou adquire riqueza por qualquer outro meio, tem uma formidável oportunidade para beneficiar os outros. Que desperdício quando tal oportunidade é esbanjada com extravagâncias para satisfazer os próprios desejos!

Estou fortemente inclinado a achar que a vida luxuosa é despropositada, tanto que me sinto muito perturbado sempre que estou hospedado em um hotel confortável e vejo as pessoas comendo e bebendo coisas caras enquanto, do lado de fora, sei que há outras que não têm nem mesmo onde passar a noite. Reforça meu sentimento de que não sou diferente nem dos ricos nem dos pobres. Somos iguais, querendo ser felizes e não sofrer. E temos todos o mesmo direito a essa felicidade. Como resultado dessa convicção, tenho a impressão de que, se visse uma passeata de trabalhadores reivindicando seus direitos, eu certamente os acompanharia. E, no entanto, a pessoa que lhes diz essas coisas está desfrutando o conforto de um hotel. Na verdade, preciso ir ainda mais longe nessa questão. É verdade que possuo muitos relógios de pulso valiosos. E mesmo sabendo que, se os vendesse, talvez pudesse construir algumas casas simples para os pobres, até agora não o fiz. Da mesma maneira, estou certo de que, se seguisse uma dieta rigorosamente vegetariana, não só estaria dando um bom exemplo como ajudaria a salvar a vida de animais inocentes. Até agora não o fiz e, portanto, tenho de admitir que existe uma discrepância entre meus princípios e a minha prática em algumas áreas. Ao mesmo tempo, não acredito que todos possam ou devam ser como o Mahatma Gandhi e passem a viver como camponeses pobres. Uma dedicação assim é maravilhosa e deve ser grandemente admirada. Mas o lema é: “Tanto quanto pudermos” – sem chegar a extremos.

CAPÍTULO 13

Ética na sociedade

Educação e meios de comunicação

Viver uma vida verdadeiramente ética, em que colocamos em primeiro lugar as necessidades dos outros e cuidamos de sua felicidade, é algo que tem extraordinárias implicações para a nossa sociedade. Se mudarmos internamente, desarmando-nos ao lidar de maneira construtiva com nossos pensamentos e emoções negativos, poderemos literalmente transformar o mundo inteiro. Já temos prontas muitas ferramentas poderosas para criar nossa sociedade ética e pacífica. Entretanto, o potencial de algumas delas não está sendo totalmente aproveitado. A partir deste ponto, gostaria de partilhar algumas de minhas opiniões sobre a maneira como podemos fazer e os setores onde podemos começar a revolução espiritual de bondade, compaixão, paciência, tolerância, capacidade de perdão e humildade.

Quando estamos comprometidos com o ideal da consideração pelos outros, este fato deve permear nossas medidas sociais e políticas. Não digo isso por achar que desse modo seremos capazes de solucionar todos os problemas da sociedade de um dia para o outro. Mas estou convencido de que, a menos que essa noção mais ampla de compaixão na qual venho insistindo inspire nossas ações, elas provavelmente causarão danos, em vez de servir à humanidade como um todo. Acredito que precisamos tomar medidas práticas para assumir nossa responsabilidade para com todos os nossos semelhantes, não só agora como no futuro. Isso é inegável mesmo que haja pequenas diferenças de ordem prática entre os planos de ação motivados por esse tipo de compaixão e os que são motivados pelo, digamos, interesse nacional.

Se todas essas sugestões referentes a compaixão, disciplina interior, sábio discernimento e cultivo da virtude fossem largamente implementadas, com certeza o mundo passaria a ser um lugar mais benigno e pacífico. Ainda assim, acredito que a realidade nos obriga a atacar nossos problemas tanto no plano individual quanto no da sociedade. O mundo mudará sempre que um indivíduo tentar refrear seus pensamentos e emoções negativos e toda vez que praticar a compaixão por seus semelhantes, mesmo que não tenha um relacionamento direto com eles.

Em vista disso, penso que existem diversas áreas a que devemos dar uma atenção especial à luz da responsabilidade universal – a educação, os meios de comunicação, nosso meio ambiente, a política e a economia, a paz e o desarmamento e a harmonia inter-religiosa. Cada uma delas tem um papel vital a desempenhar no processo de moldar o mundo em que vivemos, e disponho-me a examiná-las sucintamente.

Antes de fazê-lo, devo acentuar que os pontos de vista que expresso aqui são pessoais. São os pontos de vista de alguém que faz questão de afirmar que não é perito em nenhum dos aspectos técnicos dessas questões. Mesmo que o que eu disser seja passível de objeções, espero que ao menos dê ao leitor a oportunidade de fazer uma pausa para reflexão. Pois é bem possível que surjam divergências de opinião quanto ao modo como podem ser traduzidas em políticas reais a necessidade de compaixão, de valores espirituais básicos, de disciplina interior e a importância de uma conduta ética. Mas, na minha opinião, esses são valores incontestáveis.

A mente humana (*lo*) é simultaneamente a fonte e, se orientada de forma apropriada, a solução de todos os nossos problemas. Os que adquirem grande erudição mas não têm bom coração correm o risco de serem atormentados por ansiedades e inquietações que resultam de desejos que não podem ser realizados. Inversamente, a compreensão genuína dos valores espirituais tem o efeito oposto. Quando educamos nossas crianças para adquirirem conhecimentos sem compaixão, é muito provável que sua atitude para com os outros venha a ser uma combinação de inveja daqueles que ocupam posições superiores às suas, competitividade agressiva para com seus pares e desdém pelos menos afortunados, o que leva a uma propensão para a ganância, para a presunção, para os excessos e, muito rapidamente, à perda da felicidade. Conhecimento é importante. Muito mais, porém, é o uso que fazemos dele. Isso depende do coração e da mente de quem o usa.

Educação é muito mais do que transmitir conhecimentos e habilidades por meio dos quais se atingem objetivos limitados. É também abrir os olhos das crianças para as necessidades e os direitos dos outros. Precisamos mostrar às crianças que suas ações têm uma dimensão universal. E precisamos encontrar uma forma de estimular seus sentimentos naturais de empatia para que venham a ter uma noção de responsabilidade em relação aos outros. Pois é isso o que nos motiva a agir. Se tivéssemos de escolher entre conhecimento e virtude, a última seria sem dúvida a melhor escolha, pois é mais valiosa. O bom coração que é fruto da virtude é por si só um grande benefício para a humanidade. O mero conhecimento, não.

Como, porém, ensinar princípios morais às nossas crianças? Tenho a impressão de que, em geral, os sistemas educacionais modernos negligenciam a discussão de questões éticas. Isso provavelmente não é intencional, mas um subproduto da realidade histórica. Os sistemas educacionais seculares foram desenvolvidos numa época em que as instituições religiosas ainda exerciam grande influência em toda a sociedade. Como os valores éticos e humanos eram então e ainda são vistos como pertencentes à esfera da religião, presumiu-se que esse aspecto da educação infantil seria atendido com a formação religiosa. E isso funcionou muito bem até a influência da religião começar a declinar. Embora ainda exista, a necessidade não está sendo atendida. Portanto, temos de encontrar outra forma de mostrar às crianças que os valores humanos fundamentais são importantes. E também ajudá-las a desenvolver esses valores.

É claro que, em última análise, não se aprende a importância da consideração pelos outros através de palavras, mas através de ações – do exemplo que se dá. Por essa razão, o ambiente familiar é um componente fundamental na educação de uma criança. Quando não há uma atmosfera afetuosa em casa, quando os filhos sofrem com o descaso dos pais, é fácil reconhecer os prejuízos. As crianças sentem-se indefesas e inseguras e apresentam sintomas de mente agitada. Ao contrário, quando recebem afeição e proteção constantes, mostram-se muito mais felizes e confiantes em suas aptidões. Sua saúde física também costuma ser melhor. E nota-se que se preocupam não apenas consigo mesmas mas também com os outros. O ambiente familiar é também importante porque as crianças aprendem com os pais a incorporar um comportamento negativo. Se, por exemplo, o pai está sempre brigando com as pessoas com quem trabalha, se pai e mãe estão sempre discutindo de maneira agressiva, a princípio a criança pode até não gostar, mas acaba considerando aquilo normal. Esse aprendizado é em seguida levado de casa para o mundo externo.

Também não é preciso dizer que aquilo que as crianças aprendem sobre conduta ética na escola deve antes de tudo ser praticado. Quanto a isso, os professores têm uma responsabilidade especial. Seu próprio comportamento pode fazer as crianças lembrarem-se deles pelo resto da vida. Se esse comportamento é íntegro, disciplinado e bondoso, seus valores ficarão gravados na mente das crianças, com repercussões em seu comportamento. Porque as lições ensinadas por um professor com uma motivação positiva (*kun long*), cujas palavras correspondem ao seu modo de agir, penetram mais fundo na mente do aluno. Sei disso por experiência própria. Quando menino, era muito preguiçoso. Mas, se percebia afeição e dedicação em meus mestres, suas lições geralmente calavam mais fundo e com muito mais sucesso do que nos dias em que algum deles demonstrava aspereza ou insensibilidade.

No que se refere aos aspectos específicos da educação, deixo a questão para os especialistas. Vou limitar-me, portanto, a algumas poucas sugestões. A primeira é que, se quisermos despertar a consciência dos jovens para a importância dos valores humanos fundamentais, é melhor não apresentar os problemas da sociedade atual como uma questão meramente ética ou religiosa. É importante destacar que o que está em jogo é a manutenção de nossa sobrevivência. Dessa forma, passarão a sentir que o futuro está em suas mãos. Em segundo lugar, acredito que o diálogo pode e deve ser ensinado em sala de aula. Apresentar aos alunos um assunto controvertido e estimular o debate entre eles é uma excelente maneira de introduzi-los no conceito de resolução não violenta de conflitos. Na realidade, seria muito bom se as escolas dessem prioridade a esse tipo de diálogo, pois isso traria benefícios para a própria vida familiar. Ao ver os pais brigando, uma criança que compreendesse o valor do diálogo diria instintivamente:

"Não, não é assim que se faz, vocês têm que conversar, discutir as coisas da maneira certa."

Finalmente, é imprescindível eliminar dos nossos currículos escolares qualquer tendência para apresentar os outros sob uma ótica negativa. Existem alguns lugares no mundo em que o ensino de história, por exemplo, promove o fanatismo e o racismo contra outras comunidades. Isso está errado. Não contribui em nada para o bem da humanidade. Hoje, mais do que nunca, precisamos mostrar às nossas crianças que as distinções entre "meu país" e "seu país", "minha religião" e "sua religião" são secundárias. Antes de tudo, precisamos afirmar com insistência que meu direito à felicidade não tem mais peso do que o direito do outro. O que não significa que as crianças devam abandonar ou ignorar a cultura e a tradição histórica do lugar em que nasceram. Pelo contrário, é muito importante que sejam instruídas nesses fundamentos para que aprendam a amar seu país, sua religião e sua cultura. O perigo é quando isso evolui para um nacionalismo estreito, para o etnocentrismo e para a intolerância religiosa. O exemplo do Mahatma Gandhi é pertinente aqui. Mesmo tendo recebido uma educação ocidental de alto nível, ele nunca esqueceu ou se afastou da rica herança de sua cultura indiana.

Se a educação é uma de nossas armas mais poderosas na campanha para um mundo melhor e mais pacífico, os meios de comunicação de massa – a mídia – são outra. Todos os personagens políticos sabem que hoje não são mais os únicos com autoridade na sociedade. Além da influência dos jornais e livros, o rádio, o cinema e a televisão juntos exercem sobre as pessoas uma influência que seria inimaginável há cem anos. Esse enorme poder confere grande responsabilidade a todos os que trabalham no setor. Mas também confere grande responsabilidade a cada um de nós que, como indivíduos, escutamos, lemos e assistimos. Nós também temos um papel a desempenhar. Não somos impotentes diante da mídia. Afinal de contas, os botões de controle ficam em nossas mãos.

Não estou defendendo aqui noticiários contidos ou distrações insípidas. Ao contrário, no que se refere ao jornalismo investigativo, respeito e aprecio a intervenção da mídia. Nem todos os funcionários dos governos são honestos ao cumprir os seus deveres. É muito conveniente, portanto, que existam jornalistas com narizes tão compridos quanto trombas de elefante bisbilhotando tudo e revelando as transgressões que encontram. Precisamos saber quando e como essa ou aquela pessoa famosa esconde um aspecto desconhecido por trás de uma aparência agradável. Não deve haver discrepância entre a aparência externa e a vida interior de uma pessoa. É a mesma pessoa, afinal. As discrepâncias insinuam que não são confiáveis. Ao mesmo tempo, é crucial que os motivos de quem investiga sejam dignos. O máximo possível de imparcialidade e o respeito pelos direitos do outro são indispensáveis para não desvirtuar a investigação.

Com relação ao destaque dado pelos meios de comunicação ao sexo e à violência, há muitos fatores a considerar. Em primeiro lugar, é evidente que grande parte do público gosta das sensações provocadas por esse tipo de tema. Em segundo, duvido muito que os que produzem todo esse material contendo muito sexo explícito e violência tenham a intenção de prejudicar. Seus motivos são com certeza apenas comerciais. Se isso é positivo ou negativo importa menos na minha opinião do que se tem ou não conseqüências éticas saudáveis. Se assistir a um filme violento desperta o sentimento de compaixão em quem o assiste, talvez aquela representação da violência se justifique. Se o acúmulo de imagens violentas acaba levando à indiferença ante o sofrimento, porém, acho que não é recomendável. Endurecer o coração assim é potencialmente perigoso. Leva facilmente à falta de empatia.

Quando os meios de comunicação se concentram demasiado nos aspectos negativos da natureza humana, há o perigo de nos persuadirem de que a violência e a agressividade são as principais características do homem. Creio que essa conclusão é um equívoco. O fato de a violência ter tanto valor como notícia sugere exatamente o oposto. As notícias positivas chamam menos atenção porque há um excesso de fatos positivos. Num determinado momento deve haver seguramente milhões de atos de bondade acontecendo no mundo inteiro. Há sem dúvida muitos atos de violência sendo cometidos ao mesmo tempo, mas em número muito menor. Em conseqüência, se a mídia quiser ser eticamente responsável, deve refletir sobre esse simples fato.

É claramente necessário que os meios de comunicação sejam regulamentados. O fato de impedirmos nossas crianças de assistirem a certas coisas indica que já fazemos distinção entre o que é e o que não é apropriado de acordo com diferentes circunstâncias. Entretanto, é difícil saber se a legislação é o melhor caminho para resolver esse problema. Em todas as questões de ética, a disciplina só é realmente eficaz quando vem de dentro. Talvez a melhor maneira de nos assegurarmos de que aquilo que os meios de comunicação produzem é saudável esteja na maneira como educamos nossas crianças. Se forem educadas para serem conscientes de suas responsabilidades, serão mais disciplinadas em seu contato com a mídia.

Talvez seja esperar demais que os meios de comunicação promovam os ideais e princípios da compaixão, mas ao menos podemos desejar que os profissionais dessa área tenham cuidado quando houver potencial para impactos negativos. Que não haja lugar para o estímulo a atos negativos como os de violência racial. Além disso não sei dizer. Talvez pudéssemos encontrar uma forma de ligar mais diretamente os que criam histórias para o setor de entretenimento e notícias com o espectador, o leitor ou o ouvinte.

O mundo natural

Se existe uma área em que tanto a educação quanto a mídia têm especial responsabilidade, esta é, segundo creio, nosso meio ambiente. Outra vez essa responsabilidade tem menos a ver com certo e errado do que com a questão da sobrevivência. O mundo natural é nosso lar. Não é necessariamente sagrado ou santo, é simplesmente o lugar onde vivemos. Sendo assim, é do nosso interesse cuidar dele. Trata-se apenas de bom senso. Só muito recentemente o tamanho da população mundial e o poder da ciência e da tecnologia cresceram de tal modo que passaram a ter um impacto direto sobre a natureza. Em outras palavras, até agora, a Mãe Natureza conseguiu tolerar nosso desmazelo doméstico, mas chegou a um ponto em que não pode mais aceitar nosso comportamento em silêncio. Os problemas causados pela degradação ambiental podem ser vistos como a reação da natureza à nossa irresponsabilidade. Ela está avisando que até a sua tolerância tem limites.

Em nenhum outro lugar as conseqüências de nossa falta de disciplina na maneira como nos relacionamos com a natureza são mais evidentes do que no Tibet atual. Não é exagero afirmar que o Tibet em que cresci era um paraíso de vida selvagem. Todos os viajantes que o visitavam antes de meados do século XX observavam isso. Raramente se caçavam animais, exceto nas áreas mais remotas onde não era possível plantar, porque nada crescia ali. Os funcionários do governo costumavam lançar proclamações anuais protegendo os animais selvagens cujo texto era: "Ninguém, seja nobre ou plebeu, fará mal ou praticará violência contra as criaturas das águas ou das matas." Só se fazia exceção aos ratos e aos lobos.

Quando rapaz, lembro-me de ter visto grandes quantidades de animais de diferentes espécies sempre que viajava para fora de Lhasa. A lembrança mais vívida que tenho da viagem de três meses através do Tibet, de Takster, a leste, onde nasci, para Lhasa, onde fui formalmente proclamado Dalai-Lama aos quatro anos de idade, é a dos animais selvagens que encontrávamos no caminho. Imensos rebanhos de *kiang* (burros selvagens) e *drong* (iaques) vagavam livremente pelas grandes planícies. De vez em quando avistávamos as lustrosas *gowa*, as tímidas gazelas tibetanas, ou os *wa*, os veados de beiços brancos, ou os *tso*, nossos imponentes antílopes. Lembro ainda minha fascinação pelos pequenos *chibi*, ou lagômios, que se reuniam nos relvados e que eram tão amigáveis. Adorava observar as aves, a majestosa *gho* (águia barbuda) pairando nas alturas acima dos mosteiros encarapitados nas montanhas, os bandos de gansos (*nagbar*) e às vezes, à noite, ouvir o chamado da *wookpa*, a coruja de orelhas compridas.

Mesmo em Lhasa, não nos sentíamos de modo algum isolados do mundo natural. Em meus aposentos no alto do Potala, o palácio de inverno dos Dalai-Lamas, passei horas quando criança estudando o comportamento dos *khyungkar* de bico vermelho, que faziam ninhos nas fendas das muralhas. E atrás do Norbulingka, o palácio de verão, via sempre casais de *trung trung* (garças japonesas de pescoço negro), aves que para mim são um modelo de elegância e de graciosidade, que viviam nos pântanos dali. E tudo isso sem mencionar a glória máxima da fauna tibetana: os ursos e raposas das montanhas, os *chanku* (lobos), os *sazik* (belíssimos leopardos brancos), os *sik* (linces), que aterrorizavam os fazendeiros nômades, e os pandas gigantes com seu meigo semblante, que são nativos da região da fronteira entre o Tibet e a China.

Lamentavelmente, essa profusão de animais selvagens não pode mais ser encontrada. Em parte por causa da caça, em parte por causa da perda do habitat, o que resta meio século depois da ocupação do Tibet é apenas uma parcela do que existia antes. Sem exceção, todos os tibetanos com quem falei e que voltaram para visitar o Tibet depois de trinta ou quarenta anos de ausência mencionaram a surpreendente ausência de animais selvagens. Antes esses animais costumavam aproximar-se das casas e hoje em dia quase não são vistos em lugar algum.

Igualmente inquietante é a devastação das florestas tibetanas. As colinas, que eram cobertas de bosques densos, estão lisas como cabeças raspadas de monges. O governo de Beijing admitiu que as terríveis enchentes no oeste da China e arredores devem-se em parte a isso. E, no entanto, ouço constantemente relatos sobre comboios de caminhões que seguem na direção leste transportando madeira dia e noite para fora do Tibet. O que é trágico, por causa do terreno montanhoso e do clima áspero do país. Significa que o reflorestamento exigiria cuidados e atenções sistemáticos. Infelizmente há poucos indícios disso.

Nada disso significa que nós, tibetanos, tenhamos sido histórica e deliberadamente conservacionistas. Não fomos. A idéia de algo chamado "poluição" simplesmente nunca nos ocorreu. Não se pode negar que fomos bastante mimados a esse respeito. Imaginem uma população reduzida habitando uma grande região com ar puro e seco e abundância de água cristalina das montanhas. Essa atitude inocente com relação à limpeza revelou-se quando fomos exilados e descobrimos, com surpresa, para citar um exemplo, a existência de rios cuja água não era potável! Como no caso de um filho único, a Mãe Natureza tolerava nosso comportamento, não importava o que fizéssemos. O resultado é que não tínhamos uma compreensão adequada das noções de higiene e limpeza. As pessoas cuspiam ou assoavam o nariz na rua sem pensar. O que me faz lembrar um idoso Khampa, um antigo membro da escolta que costumava ir todos os dias andar em torno de minha residência em Dharamsala (uma devoção popular). Lamentavelmente, ele sofria de uma forte bronquite, que era agravada pelo incenso que carregava. A cada esquina, parava para tossir e expectorar tão furiosamente que eu às vezes me perguntava se ele teria vindo mesmo para rezar ou só para cuspir!

No decorrer dos anos que se seguiram à nossa vinda para o exílio interessei-me bastante por questões ambientais. O governo tibetano no exílio dedicou atenção especial às nossas crianças ensinando-lhes as suas responsabilidades como residentes deste frágil planeta. E nunca hesito em manifestar-me sobre o assunto todas as vezes que tenho oportunidade de fazê-lo. Sempre assinalo particularmente a necessidade de pensar como nossas ações podem afetar os outros quando agridem o meio ambiente. Admito que isso costuma ser difícil de avaliar. Se não podemos prever com certeza absoluta, por exemplo, quais os efeitos finais que o desmatamento terá sobre o solo e as chuvas de um determinado local, que dirá suas implicações para os sistemas climáticos do planeta. A única certeza é que nós humanos somos a única espécie conhecida com poder para destruir a Terra. As aves não têm esse poder, nem os insetos, nem qualquer mamífero. Contudo, se temos capacidade para destruir a Terra, temos também para protegê-la.

É fundamental encontrar métodos de fabricação que não destruam a natureza. Temos de descobrir formas de reduzir o uso da nossa madeira e de outros recursos naturais limitados. Não sou especialista nesse campo e não posso sugerir como isso deve ser feito. Sei apenas que é possível, se houver determinação. Lembro-me de ter ouvido, em uma visita a Estocolmo há alguns anos, que pela primeira vez em muito tempo os peixes estavam voltando ao rio que passa pela cidade. Até pouco antes não havia nenhum peixe por causa da poluição industrial. E esse melhoramento não ocorreu porque todas as fábricas locais tivessem fechado. De modo semelhante, numa visita à Alemanha, mostraram-me um novo projeto industrial para evitar a poluição. Portanto, decerto existem soluções para limitar os prejuízos à natureza sem interromper as atividades industriais.

Não digo isso por acreditar que podemos confiar na tecnologia para superar todos os nossos problemas. Mas também não creio que possamos permitir que as práticas destrutivas continuem enquanto esperamos que alguém invente algum jeito de evitá-las. Aliás, não é o meio ambiente que precisa de jeito. O nosso comportamento com relação a ele é que precisa mudar. Tenho minhas dúvidas se, diante da ameaça iminente de um desastre ambiental de grandes proporções, como o causado pelo efeito estufa, seria possível "dar um jeito", mesmo em teoria. E, supondo-se que sim, teríamos de perguntar se seria viável aplicá-lo na escala exigida. E as despesas? E o custo, no que se refere aos recursos naturais? Imagino que seriam proibitivos. Há também o fato de já não existirem fundos suficientes para o trabalho que poderia ser realizado em muitos outros setores, como os de ajuda humanitária às vítimas da fome. Ainda que se argumentasse que os fundos necessários para a proteção ambiental poderiam ser levantados, seria quase impossível justificar tal coisa, moralmente falando. Seria errado dispor de enormes quantias para simplesmente deixar as nações industrializadas continuarem com suas práticas nocivas enquanto tantas pessoas em outros lugares não têm nem mesmo com que se alimentar.

Tudo isso nos faz voltar à necessidade de reconhecer a dimensão universal de nossas ações e, com base nisso, praticar a contenção. Essa necessidade é forçosamente comprovada quando consideramos a propagação de nossa espécie. Embora o ponto de vista de todas as principais religiões seja o de que quanto mais seres humanos tivermos, melhor, e, apesar de algumas pesquisas indicarem uma provável implosão populacional daqui a cem anos, ainda assim acho que não podemos deixar a questão de lado. Talvez não seja adequado um monge comentar esses assuntos. Mas acredito que o planejamento familiar é importante. É claro que não estou insinuando que não se deva ter filhos. A vida humana é um recurso precioso e os casais devem ter filhos, a não ser que existam fortes razões que os impeçam. A idéia de não ter filhos só porque se quer desfrutar uma vida plena sem responsabilidades é, a meu ver, bastante equivocada. Ao mesmo tempo, no entanto, os casais têm o dever de considerar o impacto de uma população numerosa sobre o meio ambiente em nosso mundo moderno.

Felizmente, mais e mais pessoas reconhecem a importância da disciplina ética para assegurar a existência de um lugar saudável onde viver. Por essa razão, estou otimista quanto à possibilidade de se poder evitar um desastre. Até relativamente pouco tempo não havia muita gente dando atenção aos efeitos da atividade humana em nosso planeta. Atualmente existem até partidos políticos cuja maior preocupação é essa. O fato de o ar que respiramos, a água que bebemos, as florestas e os oceanos que abrigam milhões de diferentes formas de vida e os padrões climáticos que governam nossos sistemas de tempo transcenderem fronteiras nacionais já é motivo para se ter esperança. Significa que nenhum país, não importa quão rico e poderoso ou quão pobre e fraco seja, pode dar-se ao luxo de não assumir uma posição quanto ao assunto.

No que se refere à responsabilidade individual, os problemas que resultam de nosso descuido do meio ambiente são uma severa advertência para lembrarmos que todos temos uma contribuição a fazer. Os atos de uma única pessoa podem não ter um impacto significativo na natureza, mas o efeito combinado dos atos de milhões de pessoas certamente tem. O que significa que está na hora de todos aqueles que vivem em países desenvolvidos industrialmente pensarem com cuidado em modificar seu estilo de vida. Não é apenas uma questão de ética. O fato de a população do resto do mundo também ter o direito de melhorar seu padrão de vida é de certa forma mais importante do que os ricos poderem continuar mantendo seu estilo de vida. Para que isso seja feito sem causar danos irreparáveis à natureza – com todas as conseqüências negativas para a felicidade de todos –, os países ricos precisam dar o exemplo. O custo para o planeta, e portanto para a humanidade, do aumento constante do padrão de vida das pessoas é simplesmente excessivo.

Política e economia

Todos sonhamos com um mundo mais agradável e feliz. Se quisermos que o sonho se torne realidade, é preciso que a compaixão inspire todos os nossos atos. Isso se aplica de modo especial às nossas medidas políticas e econômicas. Considerando-se que provavelmente metade da população do mundo carece de recursos para suprir suas necessidades básicas de alimento, abrigo, cuidados médicos e educação, acho que precisamos questionar se realmente estamos seguindo o rumo mais acertado a esse respeito. Não creio. Se houvesse qualquer indício de que nos próximos cinqüenta anos, continuando com os mesmos métodos, conseguiríamos erradicar definitivamente a pobreza, talvez a atual desigualdade de distribuição da riqueza se justificasse. Se, ao contrário, persistirem as tendências de hoje, é certo que os pobres ficarão ainda mais pobres. Basta um pouco do nosso senso fundamental de eqüidade e justiça para saber que não ficaríamos satisfeitos se deixássemos isso acontecer.

É claro que não conheço muita coisa de economia. Mas acho difícil evitar concluir que a fartura dos ricos mantém-se com o descaso pelos pobres, especialmente através das dívidas internacionais. O que não quer dizer que os países subdesenvolvidos não tenham uma parcela de responsabilidade por seus problemas. Nem que se deva atribuir aos políticos e funcionários dos governos a culpa por todos os males sociais e políticos. Não nego que até mesmo nas democracias mais estáveis do mundo seja comum ouvir promessas pouco realistas de políticos que alardeiam o que vão fazer quando forem eleitos. Mas essas pessoas não caem do céu por acaso. Portanto, se é verdade que os políticos de determinado país são corruptos, costumamos achar que também a sociedade daquele país é imoral e os indivíduos que formam a população não levam a vida de maneira ética. Nesse caso, não é justo que o eleitorado critique seus políticos. Por outro lado, quando as pessoas têm valores sadios e praticam a disciplina ética em sua vida pessoal porque têm consideração pelos outros, os funcionários do governo que essa sociedade produz respeitarão naturalmente os mesmos valores. Cada um de nós, portanto, tem um papel a desempenhar na criação de uma sociedade em que o respeito e o cuidado pelos outros, baseados na empatia, são a prioridade máxima.

No que se refere à aplicação de políticas econômicas, as considerações são as mesmas que valem para qualquer atividade humana.

Uma noção de responsabilidade universal é imprescindível. Devo admitir, todavia, que acho um tanto difícil fazer sugestões práticas sobre a aplicação de valores espirituais em uma área como a do comércio. O motivo é a concorrência ter aí uma função tão relevante, o que torna a relação entre empatia e lucro necessariamente frágil. Ainda assim, não vejo por que não seria possível existir concorrência construtiva. O principal fator é a motivação dos envolvidos. Quando a intenção é explorar ou destruir os outros, evidentemente o resultado não pode ser positivo. Porém, se a concorrência for efetuada dentro de um espírito de generosidade e boas intenções, mesmo sendo desagradável para aqueles que perdem, ao menos não causará danos desnecessários.

Outra vez pode-se objetar que no mundo dos negócios não seria realista as pessoas terem prioridade sobre os lucros. Mas precisamos lembrar que aqueles que dirigem as indústrias e os negócios do mundo também são pessoas. Até o mais empedernido empresário não poderia deixar de admitir que não é certo correr atrás dos lucros sem se importar com as conseqüências. Se fosse, não haveria problema em negociar drogas. Portanto, o que se quer é que cada um de nós desenvolva o lado compassivo de seu caráter. Quanto mais o fizermos, mais as empresas refletirão os valores humanos fundamentais.

Se, ao contrário, esses valores forem negligenciados, inevitavelmente o mundo dos negócios irá negligenciá-los também. Não se trata apenas de idealismo. A história mostra que muitos dos avanços positivos da sociedade humana ocorreram, pelo menos em parte, como resultado da compaixão. Como a abolição do comércio de escravos. Se examinarmos a evolução da sociedade humana, constataremos a necessidade de ser visionário para produzir mudanças positivas. Os nossos ideais são o mais poderoso motor do progresso. Ignorar esse fato e meramente dizer que precisamos ter políticas "realistas" é um erro grave.

Nossos problemas de disparidade econômica são um sério desafio para toda a família humana. Ainda assim, ao entrarmos em um novo milênio, acredito que temos boas razões para ser otimistas. No início e em meados do século XX havia um sentimento generalizado de que o poder econômico estava acima da verdade. Mas creio que isso está mudando. Mesmo as nações mais ricas e poderosas compreendem que não vale a pena deixar de lado os valores humanos básicos. A noção de ética nas relações internacionais também está ganhando terreno. Sejam ou não traduzidas em ações significativas, ao menos palavras como "reconciliação", "não-violência" e "compaixão" estão se incorporando ao vocabulário dos políticos, o que já é um bom avanço. Percebo que, quando viajo para o exterior, pedem-me freqüentemente que fale sobre paz e compaixão para grandes platéias – muitas vezes, mais de mil pessoas. Duvido que esses tópicos atraíssem tanta gente há quarenta ou cinqüenta anos. Transformações assim indicam que, coletivamente, estamos atribuindo mais peso a valores fundamentais, como justiça e verdade.

Reconforta-me também ver que a economia mundial torna-se visivelmente mais interdependente à medida que evolui. Toda nação depende até certo ponto de todas as outras. A economia moderna, como o meio ambiente, não tem fronteiras. Até os países declaradamente hostis entre si precisam praticar a cooperação para utilizar recursos. Muitas vezes, por exemplo, dependerão dos mesmos rios. E quanto mais interdependentes forem nossas relações econômicas, mais interdependente se torna nosso relacionamento político. Presenciamos, por exemplo, o crescimento da União Européia, iniciada com um pequeno grupo de parceiros comerciais e que se torna algo próximo de uma confederação de Estados com um número de membros que já atinge dois dígitos. Constatamos a formação de grupos semelhantes – se bem que, até o momento, não tão desenvolvidos – por todo o mundo: a Associação das Nações do Sudeste da Ásia (ASEAN), a Organização da Unidade Africana (OAU), a Organização dos Países Exportadores de Petróleo (OPEP), para citar apenas três. Cada um deles é um testemunho do impulso humano para unir-se em prol do bem comum e reflete a contínua evolução da sociedade humana. O que começou com relativamente pequenas unidades tribais progrediu, através da fundação das cidades-estados, para as nações, evoluindo agora para alianças entre elas, abrangendo centenas de milhares de pessoas, transcendendo cada vez mais divisões geográficas, culturais e étnicas. Acredito que essa é uma tendência que vai – e deve – persistir.

No entanto, não podemos esquecer que, paralelamente à proliferação dessas alianças políticas e econômicas, se percebe uma ânsia de maior fortalecimento no que se refere a etnias, línguas, religiões e culturas – freqüentemente em um contexto de violência posterior ao afrouxamento dos vínculos que caracterizam a condição de nação. Como compreender esse paradoxo: de um lado, a tendência para a formação de grupos de cooperação transnacional e, de outro, o impulso para a descentralização? Na verdade, não é preciso haver necessariamente uma contradição entre as duas coisas. Ainda assim é possível imaginar comunidades regionais unidas pelo comércio, pelas políticas sociais e de segurança e formadas de uma multiplicidade de grupos étnicos, culturais e religiosos autônomos. Poderia existir um sistema legal para proteger os direitos humanos básicos comuns a todos e que desse liberdade a cada grupo para manter o modo de vida desejado. Ao mesmo tempo, é importante que o estabelecimento de uniões entre países seja voluntário e baseado no reconhecimento de que os interesses dos envolvidos serão mais bem atendidos através da colaboração mútua. Essas uniões não podem ser impostas. Seguramente, o desafio do novo milênio é encontrar meios de obter uma cooperação internacional – ou melhor, intercomunitária – na qual a diversidade humana seja reconhecida e os direitos de todos sejam respeitados.

CAPÍTULO 14

Paz e desarmamento

O presidente Mao disse certa vez que o poder político provém do cano de uma arma. É verdade que a violência pode ser um meio para atingir alguns objetivos de curto prazo, mas não para alcançar metas duradouras. Ao examinarmos a história, vemos que, com o tempo, o amor da humanidade pela paz, pela justiça e pela liberdade sempre acaba triunfando sobre a crueldade e a opressão. É por isso que acredito fervorosamente na não-violência. Violência gera violência. E significa apenas uma coisa: sofrimento. Em teoria, é possível conceber uma situação em que a única maneira de evitar um conflito em larga escala seja através da intervenção armada no estágio inicial. O problema é que é muito difícil, se não impossível, prever os efeitos da violência. E também nunca podemos estar seguros de que sua causa é justa. Isso apenas fica claro quando se pode avaliar mais tarde a situação. A única certeza é que, quando há violência, sempre e inevitavelmente há sofrimento.

Algumas pessoas dirão que a devoção do Dalai-Lama à não-violência é louvável mas não é prática. Mas, na realidade, é muito mais ingênuo supor que os problemas criados pelo homem e que levam à violência possam ser resolvidos através do conflito. Observem, por exemplo, que a não-violência foi a principal característica das revoluções políticas que se alastraram por tantas partes do mundo durante a década de 1980.

Estou convencido de que a principal razão para as pessoas acharem que o caminho da não-violência é pouco prático deve-se ao fato de que parece não adiantar nada enveredar por ele, pois a sensação é de desânimo. Apesar disso, vale a pena pensar que antigamente bastava desejar a paz para sua própria terra, ou para a de seu vizinho, e hoje se fala de paz mundial. É compreensível. A interdependência humana é hoje tão flagrante que só faz mesmo sentido falar de paz mundial.

Um dos aspectos mais promissores da era moderna é o surgimento de um movimento internacional pela paz. Se temos a impressão de que se fala menos desse assunto do que se falou a respeito do fim da Guerra Fria talvez seja porque seus ideais foram incorporados como tendências predominantes da consciência coletiva. Porém, a que me refiro quando falo de paz? Não seria a guerra uma atividade humana natural, se bem que deplorável? Antes de responder, precisamos fazer a distinção entre duas formas de compreender a paz. Ela pode ser vista como uma simples ausência de guerra ou como um estado de tranqüilidade baseado em uma profunda sensação de segurança, oriunda da compreensão mútua, da tolerância pelos pontos de vista dos outros e do respeito por seus direitos. Não foi esse o tipo de paz que vimos na Europa durante as quatro décadas e meia da Guerra Fria, por exemplo. A premissa em que se baseava era o medo, a desconfiança e a estranha psicologia da destruição mutuamente assegurada (em inglês, a expressão *mutually assured destruction* foi convenientemente abreviada para MAD, que quer dizer "louco", "insensato"). Na realidade, a paz que caracterizava a Guerra Fria era tão precária, tão frágil, que qualquer mal-entendido mais sério em um dos lados poderia ter tido conseqüências desastrosas. Olhando para trás, principalmente com o conhecimento que temos hoje de como pode ser caótica a administração dos setores de armamentos, acho que é quase um milagre termos escapado da destruição!

A paz não é algo que existe de modo independente de nós, a guerra também não. É certo que alguns indivíduos em especial – líderes políticos, responsáveis por políticas, generais – têm sérias responsabilidades no que se refere à paz. Contudo, essas pessoas não saíram do nada. Não nasceram nem foram criadas no espaço sideral. Como nós, foram alimentadas com o leite e o afeto de suas mães. São membros de nossa família humana e cresceram dentro da sociedade que nós ajudamos a criar. A paz do mundo depende portanto da paz do coração das pessoas. O que, por sua vez, depende de todos nós praticarmos a ética, disciplinando nossas reações aos pensamentos e emoções negativos e desenvolvendo qualidades espirituais fundamentais.

Se a verdadeira paz é algo mais profundo do que um frágil equilíbrio baseado em mútua hostilidade, se em última análise depende da resolução de conflitos internos, o que dizer da guerra? Apesar de, paradoxalmente, o objetivo da maioria das campanhas militares ser a paz, na verdade a guerra é como um incêndio na comunidade humana, um incêndio cujo combustível são pessoas vivas. Parece-se também com um incêndio na maneira como se propaga. Se observarmos a evolução do recente conflito na antiga Iugoslávia, veremos que o que começou como uma disputa localizada cresceu rapidamente e tomou toda a região. De modo semelhante, se examinarmos uma batalha isoladamente, veremos que os comandantes enviam reforços quando percebem que há pontos enfraquecidos na defesa ou no ataque. O que é exatamente igual a jogar gente viva em uma fogueira. O hábito nos faz ignorar isso. Deixamos de reconhecer que a fria crueldade e o sofrimento são a verdadeira natureza da guerra.

A triste verdade é que fomos condicionados a encarar os procedimentos de guerra como algo excitante e até glamouroso: os soldados marchando com uniformes vistosos (tão atraentes para as crianças), com suas bandas militares tocando ao lado. Apesar de vermos o assassinato como algo terrível, não associamos a guerra com a criminalidade. Pelo contrário, a guerra é vista como uma oportunidade para as pessoas provarem a sua competência e a sua coragem. Falamos sobre os heróis que a guerra produz quase como se o heroísmo do indivíduo fosse medido pelo número de inimigos mortos. E falamos sobre essa ou aquela arma como uma invenção tecnológica maravilhosa, esquecendo que será usada para mutilar e matar pessoas vivas. Seu amigo, meu amigo, nossas mães, nossos pais, nossas irmãs e nossos irmãos, você e eu.

O que é ainda pior é o fato de, nas operações militares modernas, o papel daqueles que as promovem ser desempenhado bem longe do local do conflito. Ao mesmo tempo, o impacto dessas operações militares nos não-combatentes cresce sempre. Os que mais sofrem nos conflitos armados de hoje em dia são os inocentes: não só as famílias dos que estão lutando como, em número cada vez maior, civis que freqüentemente nem sequer têm um papel ativo. Mesmo depois do final da guerra, o sofrimento continua com os estragos causados pelas minas terrestres e o envenenamento pelas armas químicas, sem falar nas adversidades econômicas que advêm. O que significa que, mais e mais, mulheres, crianças e idosos estão entre as principais vítimas das guerras.

A realidade das guerras modernas é que o empreendimento inteiro tornou-se quase um jogo de computador. A sofisticação crescente do armamento ultrapassou a capacidade imaginativa da média das pessoas leigas. Seu poder de destruição é tão espantoso que os argumentos a favor das guerras, quaisquer que sejam eles, têm de ser consideravelmente inferiores aos argumentos contra. Chega a ser perdoável sentir nostalgia pela maneira como as batalhas eram realizadas antigamente. Ao menos as pessoas lutavam cara a cara com as outras. Não havia como esconder o sofrimento que as guerras causavam. E, naquele tempo, os dirigentes costumavam liderar suas tropas nas batalhas. Se o comandante fosse morto, geralmente a questão estava decidida. Entretanto, à medida que a tecnologia progrediu, os generais começaram a ficar mais distantes, lá atrás. Hoje, eles podem ficar a quilômetros de distância em suas casamatas subterrâneas. Em vista disso, chego a imaginar a invenção de uma bala "inteligente" que pudesse ir atrás daqueles que tomam as decisões de fazer guerras. Parece-me que seria mais justo assim e talvez fosse bem-vinda uma arma que os eliminasse e deixasse ilesos os inocentes.

Por causa das características desses instrumentos de destruição, quer tenham sido projetados com propósitos ofensivos ou defensivos, precisamos admitir que as armas existem unicamente para aniquilar seres humanos. Mas, para que não se imagine que a paz depende apenas do desarmamento, cabe ainda lembrar que as armas não agem sozinhas. Apesar de serem inventadas para matar, não causam nenhum dano físico enquanto estão guardadas nos depósitos. Alguém tem que apertar um botão para lançar um míssil ou puxar um gatilho para dar um tiro. Não é nenhum "poder maligno" que faz isso. São os homens. Portanto, a conquista de uma genuína paz mundial também requer que comecemos a desativar as forças militares que formamos. Não podemos ter esperanças de desfrutar a paz em seu sentido pleno enquanto existir a possibilidade de alguns poucos indivíduos ainda exercerem poder militar e imporem sua vontade aos outros. Ou enquanto houver regimes autoritários sustentados por forças armadas que não hesitem em praticar a injustiça sob suas ordens. A injustiça solapa a verdade, e sem verdade não pode haver paz duradoura. Por que não? Porque quando temos a verdade ao nosso lado temos também a franqueza, a honestidade e a confiança que vêm junto com ela. Inversamente, quando falta a verdade, a única maneira de atingir nossas metas limitadas é através da força. E quando as decisões são tomadas dessa maneira, sem levar em conta a verdade, as pessoas não se sentem bem – tanto os vencedores quanto os vencidos. Esse sentimento negativo mina a paz que é imposta pela força.

É evidente que não se pode esperar que essa desativação do aparato militar se faça da noite para o dia. Por mais que seja desejável, seria extremamente difícil conseguir um desarmamento unilateral. Se desejamos uma sociedade em que o conflito armado se torne uma coisa do passado, nosso objetivo final deve ser abolir todo o aparato militar. Mas é querer demais que todas as armas sejam eliminadas, pois, afinal, até nossos punhos podem ser usados como armas. E haverá sempre grupos de desordeiros e fanáticos para perturbar os outros. Temos de admitir que, enquanto existirem seres humanos, será necessário encontrar maneiras de lidar com os canalhas.

Cada um de nós tem uma função a cumprir nessa questão. Quando nos desarmamos internamente – refreando pensamentos e emoções negativos e cultivando qualidades positivas –, criamos condições para o desarmamento externo. A paz mundial genuína e duradoura só será possível como resultado do esforço interno de cada um de nós. A emoção aflitiva é o oxigênio do conflito. É essencial nos mantermos sensíveis aos outros e, reconhecendo seu direito à felicidade, não fazermos nada que contribua para seu sofrimento. Para ajudar-nos nessa tarefa, vale a pena refletir na maneira como a guerra é realmente vivida por suas vítimas. Para mim, basta lembrar minha visita a Hiroxima para reavivar todo o seu horror. Em um dos seus museus, vi um relógio que parou no exato momento que a bomba explodiu. Também vi um pequeno pacote de agulhas de costura que se haviam fundido com o seu calor.

O que se exige, portanto, é o estabelecimento de objetivos definidos para o desarmamento gradual. E promover a vontade política para executá-lo. Quanto às medidas práticas para desativar o aparato militar, temos que admitir que isso só pode ocorrer dentro do contexto de um amplo compromisso com o desarmamento. Não basta pensar somente em eliminar as armas de destruição maciça. É preciso criar condições favoráveis a nosso objetivo. A forma mais simples de fazê-lo é aproveitar e desenvolver as iniciativas já existentes, o que me faz pensar no esforço de muitos anos para controlar a proliferação de algumas classes de armas e, em alguns casos, para eliminá-las. Durante as décadas de 1970 e 1980 presenciamos os debates dos Tratados para Limitação de Armas Estratégicas (SALT) entre os blocos ocidental e oriental. Temos há muitos anos um vantajoso tratado para a não-proliferação de armas nucleares que conta com a adesão de muitos países. E, a despeito da disseminação das armas nucleares, a idéia de uma interdição mundial ainda está presente. Houve também progressos animadores no que se refere à condenação formal das minas terrestres. Na ocasião em que este livro está sendo escrito, a maioria dos governos já assinou declarações renunciando à sua utilização. Assim, mesmo sendo verdade que nenhuma dessas iniciativas alcançou todas as suas metas com sucesso, sua própria existência indica que tais métodos de destruição são indesejáveis. Todas elas comprovam o desejo fundamental do ser humano de viver em paz, além de proporcionarem um começo muito útil com possibilidades de desenvolvimento.

Outra forma de nos aproximarmos do objetivo de desativar o aparato militar global é acabar gradualmente com a indústria de armas. Para muitos, essa sugestão vai parecer absurda e inviável. Dirão que, a menos que todos concordassem em fazê-lo ao mesmo tempo, isso seria uma loucura. E também que nunca vai acontecer. E que, ainda por cima, há a questão econômica a ser considerada. Entretanto, se olharmos o assunto do ponto de vista daqueles que sofrem as conseqüências da violência armada, é impossível querer se esquivar da responsabilidade de procurar superar essas objeções de uma ou de outra maneira. Sempre que penso na indústria de armas e nos sofrimentos que gera, lembro minha visita ao campo de extermínio nazista de Auschwitz. Enquanto olhava os fornos onde foram queimados milhares de seres humanos como eu – muitos deles ainda vivos, gente que sofreria até com a queimadura de um mero palito de fósforo aceso –, o que mais me impressionou foi o fato de esses fornos terem sido construídos com o cuidado e a atenção de artífices talentosos. Quase podia ver os engenheiros (todos pessoas inteligentes) em suas pranchetas planejando meticulosamente o formato das câmaras de combustão e calculando o tamanho das chaminés, sua altura e sua capacidade de exaustão. Pensei nos operários que realizaram a obra de acordo com o projeto. Sem dúvida orgulharam-se de seu trabalho, como fazem os bons profissionais. E ocorreu-me que é precisamente isso o que os projetistas e fabricantes de armas modernos estão fazendo. Eles também estão criando os meios de destruir milhares, milhões de semelhantes. Não é uma idéia perturbadora?

Tendo isso em mente, todas as pessoas que realizam esse tipo de trabalho fariam bem em refletir sobre seu envolvimento. Sem dúvida, elas sofreriam se sua renúncia fosse unilateral. Com certeza, as economias dos países fabricantes de armas sofreriam se essas indústrias fossem fechadas. Mas será que não valeria a pena pagar o preço? Além disso, aparentemente existem no mundo muitos casos de companhias que deixaram de fabricar armas para produzir outros tipos de produtos. Temos também o exemplo de um país desmilitarizado, que é interessante analisar comparando-o com seus vizinhos: a Costa Rica, que se desarmou em 1949, com enormes benefícios em termos de padrão de vida, saúde e educação.

Quanto ao argumento de que talvez fosse mais realista restringir a exportação de armas a países considerados confiáveis e seguros, devo dizer que isso reflete uma visão pouco perspicaz do assunto. Já ficou repetidamente provado que isso não dá certo. Todos conhecemos a história recente do Golfo Pérsico. Durante a década de 1970, os aliados ocidentais armaram o xá do Irã para neutralizar a ameaça russa. Quando o clima político mudou, o próprio Irã foi considerado uma ameaça aos interesses ocidentais. Então, os aliados começaram a armar o Iraque contra o Irã. E, quando os tempos mudaram outra vez, essas armas foram usadas contra os outros aliados do Ocidente no Golfo (Kuwait). Como resultado, os países fabricantes de armas viram-se em guerra contra seus próprios clientes. Em outras palavras, não existe cliente "seguro" para o comércio de armas.

Não posso negar que minha aspiração pelo desarmamento mundial e pela desativação do aparato militar é uma aspiração idealista. Mas constato que existem claras razões para o otimismo. Uma delas, ironicamente, é ser muito difícil imaginar uma situação em que as armas nucleares e outras de destruição em massa sejam úteis. Ninguém quer correr o risco de uma guerra nuclear total. Essas armas são obviamente um desperdício de dinheiro. A produção é cara, é impossível usá-las e só o que se pode fazer é estocá-las, o que também custa muito dinheiro. São portanto inteiramente inúteis e servem apenas para consumir recursos.

Outro motivo de otimismo é o firme entrelaçamento das economias nacionais, criando um clima em que as noções voltadas para vantagens e interesses puramente nacionais tornam-se cada vez menos significativas. Conseqüentemente, a idéia da guerra como meio de resolver conflitos está começando a parecer decididamente antiquada. É verdade que onde há pessoas sempre haverá conflitos. É inevitável que surjam desacordos de tempos em tempos. Mas, em razão da progressiva disseminação das armas nucleares nos dias de hoje, temos de encontrar uma alternativa à violência para resolver os conflitos – o que significa a busca de diálogo dentro de um espírito de reconciliação e compromisso. Isso não é um desejo fantasioso de minha parte. A tendência global para a união política internacional, de que a União Européia talvez seja o exemplo mais óbvio, é sintoma de que é possível visualizar um tempo em que manter um exército permanente apenas nacional parecerá desnecessário e antieconômico. Em vez de pensar somente em proteger as próprias fronteiras, será mais lógico raciocinar em termos de segurança regional. E isso já está começando a acontecer. Já existem planos, se bem que experimentais, de integrar mais as defesas européias, e uma brigada de exército franco-alemã já existe há mais de dez anos. Parece então possível, pelo menos no que se refere à Comunidade Européia, que aquilo que começou sendo apenas uma aliança comercial acabe assumindo a responsabilidade pela segurança regional. E, se isso é possível na Europa, há razões para se esperar que outros grupos internacionais de comércio possam um dia fazer o mesmo. Por que não?

O surgimento de tais agrupamentos para segurança regional contribuiria muito para que a atual preocupação com as nações-estados evoluísse para a aceitação gradual de comunidades menos rigorosamente definidas. Eles poderiam também preparar o caminho para um mundo em que não haveria exércitos permanentes. Esse cenário teria naturalmente de evoluir em estágios. As forças armadas nacionais dariam lugar a grupos regionais de segurança. Estes, em seguida, poderiam ser pouco a pouco dispersados, deixando apenas uma força policial administrada globalmente. O principal encargo dessa força seria proteger a justiça, a segurança comum e os direitos humanos em todo o mundo. Seus deveres específicos seriam porém variados. Um deles seria a defesa contra a apropriação do poder por meios violentos no que diz respeito ao aspecto operacional, admitindo-se que houvesse questões legais a serem resolvidas antes. Mas imagino que essa força policial seria convocada preferencialmente por comunidades que estivessem sob algum tipo de ameaça – de vizinhos ou de alguns de seus próprios membros, como os pertencentes a facções políticas extremamente violentas – ou pela própria comunidade internacional quando houvesse grande probabilidade de violência decorrente de conflitos de origem religiosa ou ideológica, por exemplo.

Estamos longe dessa situação ideal, porém ela não é tão fantasiosa quanto parece à primeira vista. Talvez esta geração não viva para assisti-la. Mas já nos acostumamos a ver as tropas das Nações Unidas trabalhando para manter a paz. Também já estamos começando a presenciar um consenso de que, sob certas circunstâncias, pode ser justificável utilizá-las de uma forma mais intervencionista.

Como um recurso para promover essa marcha dos acontecimentos poderíamos considerar a formação daquilo que chamo de Zonas de Paz. Estas seriam uma ou mais partes desmilitarizadas de um ou mais países para criar oásis de estabilidade, de preferência em áreas de importância estratégica. Serviriam como faróis de esperança para o resto do mundo. Confesso que a idéia é muito ambiciosa, mas tem precedentes. Já existe na Antártida uma zona desmilitarizada internacionalmente reconhecida. Não sou o único a sugerir que deveria haver outras. O antigo presidente russo Mikhail Gorbachev propôs que a região situada na fronteira sino-russa fosse elevada a essa categoria. E eu próprio levantei a idéia de que se fizesse o mesmo com o Tibet.

Existem muitas outras regiões no mundo além do Tibet onde as comunidades vizinhas se beneficiariam enormemente do estabelecimento de uma zona desmilitarizada. Assim como a Índia e a China – dois países ainda relativamente pobres – poupariam uma parcela considerável de sua renda anual se o Tibet se tornasse uma Zona de Paz internacionalmente reconhecida, há muitos outros países em todos os continentes que seriam aliviados da tremenda e inútil carga de despesas com a manutenção de tropas em suas fronteiras. Sempre achei que a Alemanha seria um lugar bastante adequado para se estabelecer uma Zona de Paz, por estar situada no centro da Europa e levando-se em conta a experiência das duas guerras mundiais do século XX.

Em tudo isso, creio que a Organização das Nações Unidas tem um papel crucial a desempenhar. E não é o único organismo dedicado a questões globais. Há também muito a admirar nas idéias que inspiram a Corte Internacional de Haia, o Fundo Monetário Internacional, o Banco Mundial e outros, como os que se dedicam a apoiar a Convenção de Genebra. Mas, no momento e para o futuro imaginado, a Organização das Nações Unidas é a única instituição global capaz de ao mesmo tempo formular e influenciar políticas em nome da comunidade internacional. É claro que muitos a criticam alegando que é ineficiente, e é verdade que muitas vezes suas resoluções foram ignoradas, abandonadas e esquecidas. Ainda assim, apesar dessas falhas, sou um dos que continuam a ter o maior respeito não só pelos princípios segundo os quais foi fundada como por tudo o que essa instituição realizou desde o seu início em 1945. Basta nos perguntarmos se é ou não verdade que a ONU salvou muitas vidas ao desativar situações potencialmente perigosas para termos certeza de que ela é muito mais do que a burocracia banguela que algumas pessoas a acusam de ser. Devemos também levar em consideração o grande trabalho de suas organizações subsidiárias, tais como o UNICEF, o Alto Comissariado das Nações Unidas para os Refugiados (UNHCR), a UNESCO e a Organização Mundial de Saúde. Não podemos negar o seu valor, ainda que alguns de seus programas e políticas e os de outras organizações mundiais similares tenham falhado ou tenham sido mal orientados.

Considero que a Organização das Nações Unidas, se desenvolvida ao máximo de seu potencial, deva ser o veículo mais apropriado para promover os desejos da humanidade em geral. No momento, essa instituição não está preparada para fazê-lo com muita eficácia. Porém, estamos apenas começando a ver o surgimento de uma consciência global (que a revolução nas comunicações tornou possível). E, apesar de tremendas dificuldades, vimos a sua ação em diversas partes do mundo, mesmo se no momento talvez existam apenas uma ou duas nações servindo como ponta de lança dessas iniciativas. O fato de estarem buscando a legitimidade conferida por uma injunção das Nações Unidas indica uma perceptível necessidade de se justificarem através da aprovação coletiva. O que, por sua vez, acredito ser revelador do sentimento crescente de que somos uma única e mutuamente dependente comunidade humana.

Uma das fraquezas das Nações Unidas, na forma como está atualmente constituída, é o fato de as pessoas não poderem ser ouvidas individualmente ali, apesar de proporcionar um foro para governos individuais. A ONU não possui qualquer mecanismo por meio do qual aqueles que queiram se manifestar contra seu próprio governo possam falar. Para piorar as coisas, o funcionamento do sistema de veto atualmente em vigor é vulnerável à manipulação pelas nações mais poderosas. São imperfeições muito sérias.

Quanto ao problema de indivíduos não terem direito à palavra, talvez tenhamos que pensar em algo mais radical. Assim como a democracia é assegurada por três pilares independentes – o Poder Judiciário, o Executivo e o Legislativo –, também precisamos ter um organismo genuinamente independente no plano internacional. Talvez a ONU não seja totalmente adequada para esse papel. Em reuniões internacionais, como na Conferência de Cúpula sobre Meio Ambiente (ECO 92) no Brasil, observei que os indivíduos que representam seus países inevitavelmente põem os interesses de sua nação em primeiro lugar, apesar de o assunto em questão transcender fronteiras nacionais. Ao contrário, quando as pessoas comparecem individualmente a reuniões internacionais – e estou pensando neste momento em grupos como o dos Médicos Internacionais para a

Prevenção das Guerras Nucleares, ou o do movimento contra o comércio de armas promovido pelos agraciados com o Prêmio Nobel da Paz, do qual faço parte – há uma preocupação muito maior com a humanidade em si. O espírito fica muito mais aberto e assume dimensões verdadeiramente internacionais. O que me leva a refletir que valeria a pena fundar um organismo cuja principal tarefa seria monitorar as questões do mundo de acordo com a perspectiva da ética, uma organização que poderia ser chamada de Conselho Mundial do Povo (embora, sem dúvida, talvez se pudesse encontrar um nome melhor). Seria formada por um grupo de pessoas de procedências as mais variadas. Haveria artistas, banqueiros, ambientalistas, advogados, poetas, acadêmicos, pensadores religiosos e escritores, bem como homens e mulheres comuns com notória reputação de integridade e dedicação a valores éticos e humanos fundamentais. Por não ser uma organização investida de poder político, seus pronunciamentos não teriam validade legal. Mas, em virtude de sua independência e por não estar ligada a nenhum país ou grupo de países nem a nenhuma ideologia, essas deliberações representariam a consciência do mundo. E conseqüentemente teriam autoridade moral.

Sei que muita gente vai criticar essa proposta, como também o que eu disse antes sobre desativação militar, desarmamento e reforma das Nações Unidas, alegando que nada disso é realista ou que é simplista demais. Ou que não é viável no "mundo real". Contudo, embora muitas vezes as pessoas se contentem apenas em criticar e culpar os outros pelo que não dá certo, devemos ao menos tentar apresentar idéias construtivas. Uma coisa é certa. Graças ao amor do ser humano pela verdade, pela justiça, pela paz e pela liberdade, criar um mundo melhor e mais compassivo é uma possibilidade legítima. O potencial está aí. Se com a ajuda da educação e o uso correto dos meios de comunicação pudermos combinar algumas das iniciativas sugeridas aqui com a implementação de princípios éticos, estabeleceremos um clima em que o desarmamento e a desativação militar serão aceitos sem controvérsias. E teremos criado condições para uma paz mundial duradoura.

Capítulo 15

O papel da religião na sociedade moderna

É um triste fato da história a religião ter sido uma grande fonte de conflitos. Até hoje há gente sendo morta, comunidades sendo destruídas e sociedades inteiras desestabilizadas em conseqüência do ódio e do fanatismo religioso. Não é à toa que muitos questionam a posição da religião na sociedade humana. Contudo, se examinarmos bem a questão, verificaremos que os conflitos em nome da religião têm duas origens principais. Há os que são simplesmente o resultado da diversidade religiosa – as diferenças doutrinais, culturais e práticas entre uma e outra religião. Em seguida há os conflitos que surgem dentro de contextos políticos, econômicos e outros, mas sobretudo no plano institucional. A harmonia inter-religiosa é a chave para superar os conflitos da primeira categoria. No caso da segunda, é preciso encontrar outras soluções. A secularização e, em especial, a separação da hierarquia religiosa das instituições do Estado podem ajudar a reduzir os problemas. Neste capítulo, porém, vamos tratar da harmonia inter-religiosa.

Esse é um aspecto importante daquilo que chamei de responsabilidade universal. Entretanto, antes de examinar o assunto em detalhes, talvez valha a pena analisar se a religião é de fato relevante para o mundo moderno. Muitas pessoas afirmam que não é. Tenho observado que a crença religiosa não é um pré-requisito nem para a conduta ética nem para a própria felicidade. Já disse também que, quer a pessoa pratique ou não uma religião, as qualidades espirituais de amor, compaixão, paciência, tolerância, generosidade, humildade e outras mais são indispensáveis. Ao mesmo tempo, quero deixar claro que, na minha opinião, essas qualidades são desenvolvidas de modo muito mais fácil e eficiente através da prática religiosa. Também acredito que há um enorme benefício pessoal quando se pratica sinceramente uma religião. Pessoas que desenvolveram uma fé sólida, baseada na compreensão e aprofundada na prática diária, em geral lidam muito melhor com as adversidades do que as que não têm essa fé. Assim, estou convencido de que a religião tem um potencial imenso para ajudar a humanidade a ser melhor. Quando bem empregada, é um instrumento extremamente eficaz para estabelecer condições que favoreçam a felicidade humana. De modo específico, pode representar um papel primordial ao estimular nas pessoas a noção de responsabilidade pelos outros e a necessidade de disciplina ética.

Nesses termos, portanto, acho que a religião ainda é relevante hoje. Mas pensem nisto também: há alguns anos, o corpo de um homem da Idade da Pedra foi resgatado do gelo dos Alpes europeus. Apesar de ter mais de cinco mil anos, estava perfeitamente conservado. Até suas roupas se encontravam quase intactas. Lembro-me de pensar na época que, se fosse possível trazê-lo de volta à vida por um dia, descobriríamos o quanto temos em comum com ele. Decerto saberíamos que ele também se preocupava com sua família e seus entes queridos, com sua saúde, e assim por diante. A despeito das diferenças de cultura e de forma de expressão, ainda assim seríamos capazes de nos identificar com seus sentimentos. E não haveria razão para supor que ele estivesse menos interessado do que nós em querer ser feliz e não sofrer. Se a religião, com sua ênfase em superar o sofrimento com a prática da disciplina ética e o cultivo do amor e da compaixão, foi considerada relevante no passado, não vejo por que não o seria também hoje. É admissível que no passado o valor da religião tenha sido mais evidente porque o sofrimento humano estava mais visível, já que não existiam as comodidades e os recursos modernos. Mas, como o sofrimento ainda existe – sobretudo o sofrimento mental e emocional – e porque a religião, além de sua verdade salvadora, alega ser capaz de ajudar-nos a superar o sofrimento, certamente ela ainda é relevante.

Como então conseguir a harmonia necessária para solucionar os conflitos religiosos? A resposta é a mesma que se dá para as pessoas que querem aprender a controlar suas reações aos pensamentos e emoções negativos e cultivar qualidades espirituais: desenvolver a capacidade de compreensão. Primeiro, temos de identificar os fatores que a obstruem. Depois, encontrar os meios de superá-los.

Talvez um dos fatores que mais obstruem a harmonia inter-religiosa seja a incapacidade de perceber o valor das tradições de fé dos outros. Até bem recentemente a comunicação entre as diferentes culturas, e mesmo entre as diferentes comunidades, era lenta ou inexistente. Por isso, a complacência para com outras tradições de fé não era necessariamente muito importante, exceto, é claro, quando membros de diferentes religiões viviam lado a lado. Mas essa atitude não é mais viável. No mundo de hoje, cada vez mais complexo e interdependente, somos obrigados a admitir a existência de outras culturas, grupos étnicos e certamente outros tipos de fé. Gostemos ou não, a maioria de nós convive diariamente com essa diversidade.

Creio que a melhor maneira de chegar à compreensão mútua é através do diálogo com membros de outras tradições de fé. Vejo diversos caminhos para isso. São muito valiosas as reuniões com estudiosos nas quais os pontos em comum e, o que é mais importante, as divergências entre as diferentes religiões sejam explorados e examinados. Em outro plano, são muito úteis os contatos entre pessoas comuns que pratiquem religiões diferentes para trocar experiências e informações. Talvez seja essa a forma mais eficiente de conhecer as doutrinas dos outros. No meu caso, os encontros com o falecido Thomas Merton, um monge católico da Ordem Cisterciense, foram extraordinariamente inspiradores. Ajudaram-me a desenvolver uma profunda admiração pelos preceitos cristãos. Também acho que os encontros de líderes religiosos para rezarem juntos por causas comuns são muito proveitosos. A reunião em Assis, na Itália, em 1986, quando representantes das maiores religiões do mundo se uniram para rezar pela paz, foi, creio eu, extremamente benéfica para os fiéis de muitas religiões, pois simbolizou a solidariedade e o compromisso com a paz demonstrados por todos os que participaram.

Finalmente, acho que as peregrinações em conjunto de membros de diferentes tradições de fé podem também ser de grande utilidade. Foi dentro desse espírito que, em 1993, fui a Lourdes e depois a Jerusalém, um local sagrado para três das maiores religiões do mundo. Visitei também diversos santuários hinduístas, islâmicos, *jain* e sique, tanto na Índia quanto no exterior. Mais recentemente, em seguida a um seminário para discutir e praticar a meditação das tradições cristã e budista, participei de uma peregrinação histórica com praticantes das duas religiões que incluiu um programa de orações, meditações e diálogo sob a árvore Bodhi, em Bodh Gaia, na Índia, um dos mais importantes santuários do budismo.

Quando ocorrem trocas como essas, os seguidores de uma religião descobrem que os preceitos de outras crenças oferecem a mesma inspiração espiritual e orientação ética a seus seguidores. Fica evidente também que, sejam quais forem as diferenças de doutrina, todas as principais religiões estão preocupadas em ajudar as pessoas a se tornarem melhores seres humanos. Todas dão relevo ao amor, à compaixão, à paciência, à tolerância, ao perdão, à humildade, e todas são capazes de ajudar os indivíduos a desenvolverem essas qualidades. Além do mais, o exemplo oferecido pelos fundadores de cada uma das grandes religiões demonstra claramente a intenção de ajudar os semelhantes a encontrar a felicidade através do desenvolvimento dessas qualidades. Todos viveram suas vidas pessoais com grande simplicidade, tendo como traço distintivo de seu comportamento a disciplina ética e o amor por todos os semelhantes. Não viveram faustosamente como reis ou imperadores. Pelo contrário, aceitaram voluntariamente o sofrimento sem considerar as privações, com a finalidade de beneficiar a humanidade inteira. Em seus ensinamentos, todos ressaltaram de modo especial a importância do amor, da compaixão e da renúncia aos desejos egoístas. E cada um deles exortou-nos a transformar nossos corações e mentes. Sem dúvida, quer tenhamos fé ou não, todos merecem a nossa admiração mais profunda.

Além do diálogo com os seguidores de outras religiões, devemos obviamente introduzir em nossa vida diária a prática dos ensinamentos de nossa própria religião. Tendo experimentado os benefícios do amor, da compaixão e da disciplina ética, reconheceremos com facilidade o valor dos ensinamentos alheios. Para isso, contudo, é indispensável estarmos conscientes de que a prática religiosa implica muito mais do que apenas dizer "eu creio", ou, como no budismo, "eu me abrigo". Implica também muito mais do que apenas visitar templos, santuários ou igrejas. E estudar religião não traz grandes proveitos se o que se aprende não chega a penetrar no coração e se mantém somente no plano intelectual. Contar somente com a fé sem a compreensão nem a prática dos ensinamentos não é suficiente. Costumo dizer aos tibetanos que trazer consigo a *mala* (objeto parecido com um rosário) não transforma ninguém em um praticante religioso. O esforço que fazemos com sinceridade para nos transformarmos espiritualmente é o que nos torna verdadeiros praticantes de uma crença.

Uma das coisas que comprovam o valor da genuína prática religiosa é a constatação de que, além da ignorância, outro fator preponderante que contribui para a desarmonia religiosa é o relacionamento pouco saudável das pessoas com suas crenças. Em vez de aplicar os preceitos religiosos na vida pessoal, muitos têm a tendência de utilizá-los como apoio para atitudes autocentradas. A religião funciona como algo que se possui ou um rótulo que distingue a pessoa dos outros. Isso é seguramente uma distorção e um perigo. Nesse caso, em vez de usar o néctar da religião para purificar os elementos que envenenam nossos corações e mentes, usamos esses elementos negativos para envenenar o néctar da religião.

Mas é preciso reconhecer que isso reflete outro problema, implícito em todas as religiões. Refiro-me ao fato de cada uma delas alegar ser a única religião "verdadeira". Como resolver essa dificuldade? Admite-se que, do ponto de vista do praticante, seja imprescindível ter um compromisso específico com sua própria fé. Também é admissível que isso esteja ligado à profunda convicção de que seu caminho é o único que leva à verdade. Mas é preciso encontrar meios de conciliar essa convicção com a das outras religiões. Em termos práticos, os praticantes devem procurar ao menos aceitar a legitimidade dos ensinamentos de outras religiões, mantendo ao mesmo tempo um compromisso irrestrito com a sua própria. No que toca à legitimidade das alegações de verdade metafísica de uma determinada religião, isso é sem dúvida uma questão interna daquela religião.

No meu caso, estou convencido de que o budismo me oferece a estrutura mais eficiente para apoiar meus esforços de desenvolvimento espiritual através do cultivo do amor e da compaixão. Ao mesmo tempo, tenho de admitir que enquanto o budismo representa o melhor caminho para mim – ou seja, condiz com meu caráter, meu temperamento, minhas inclinações e meus antecedentes culturais –, assim também deve ser o cristianismo para os cristãos. Para eles, o cristianismo é o melhor caminho. Não posso, portanto, basear-me em minha experiência pessoal para afirmar que o budismo é melhor para todos.

Às vezes penso na religião como um remédio para o espírito humano. Para julgarmos realmente a eficácia de um remédio, é necessário verificar se seu uso é conveniente para uma determinada pessoa em determinadas circunstâncias. Não adianta dizer que tal remédio é muito bom porque contém tais e tais ingredientes. Se eliminarmos da equação o paciente e o efeito do remédio naquela pessoa, esse argumento não tem sentido. O que importa é dizer que no caso daquele paciente em especial, com aquela doença em especial, aquele remédio é o mais eficaz. Acontece o mesmo com as diferentes tradições religiosas: podemos dizer que essa é a mais conveniente para uma determinada pessoa. Não adianta lançar mão da filosofia ou da metafísica para argumentar que uma religião é melhor do que outra. O importante é, seguramente, a sua eficiência para cada pessoa.

Minha maneira de resolver a aparente contradição entre a certeza de ser "a única religião e a única verdade" que cada religião manifesta e a inegável multiplicidade de crenças é compreender que para um único indivíduo isoladamente só pode haver de fato uma verdade e uma religião. Entretanto, do ponto de vista da sociedade em geral, precisamos aceitar o conceito de "muitas verdades, muitas religiões". Continuando com a nossa analogia médica, para um paciente determinado o remédio adequado é de fato o único remédio. Mas isso não significa que não existam outros remédios adequados a outros pacientes.

No meu modo de pensar, a diversidade que existe entre as várias tradições religiosas é extremamente enriquecedora. Por isso, não é difícil afirmar que, em princípio, todas as religiões são iguais. Todas são iguais quando salientam que o amor e a compaixão são indispensáveis dentro do contexto da disciplina ética. Mas afirmar isso não quer dizer que todas são essencialmente uma coisa só. As significações contraditórias dos conceitos de criação e ausência de início adotadas pelo budismo, pelo cristianismo e pelo hinduísmo, por exemplo, revelam que teremos de nos separar quando entrarmos no terreno da metafísica, apesar das muitas similaridades reais que sem dúvida existem. Essas contradições podem não ser muito importantes nos estágios iniciais da prática religiosa, mas, à medida que avançamos no caminho de uma tradição religiosa, somos obrigados a reconhecer as diferenças fundamentais quando chegamos a determinados pontos. Por exemplo, o conceito de renascimento no budismo e em diversas outras antigas crenças indianas pode ser incompatível com a idéia cristã de salvação. Isso não precisa ser motivo de desânimo, porém. Dentro do próprio budismo existem pontos de vista diametralmente opostos no que se refere à metafísica. No mínimo, toda essa diversidade nos mostra que temos à nossa escolha diferentes estruturas onde situar a disciplina ética e o desenvolvimento de valores espirituais. Essa é a razão por que não defendo uma super-religião ou uma nova religião mundial. Seriam perdidas as características únicas das diferentes tradições de fé.

Algumas pessoas, é verdade, sustentam que o conceito budista do *shunyata*, ou vazio, é basicamente igual a certas abordagens para se compreender o conceito de Deus. Ainda assim há ressalvas a fazer. A primeira é que podemos de fato interpretar esse conceito, mas até que ponto será possível manter fidelidade aos ensinamentos originais se o fizermos? Existem semelhanças irrefutáveis entre o conceito budista maaiana de *Dharmakaya*, *Sambogakaya* e *Nirmanakaya* e o da trindade cristã de Deus como Pai, Filho e Espírito Santo. Mas daí a afirmar que o budismo e o cristianismo são a mesma coisa é ir um pouco longe demais, penso eu! Como diz um velho ditado tibetano, "é preciso ter cuidado para não pôr a cabeça de um iaque no corpo de um carneiro" – ou vice-versa.

O que se exige, em vez disso, é o desenvolvimento de uma autêntica noção de pluralismo religioso. Isso é especialmente verdadeiro se levarmos mesmo a sério nosso respeito pelos direitos humanos como um princípio universal. Com relação a esse pluralismo religioso, acho muito atraente a idéia de um parlamento mundial de religiões. Para começar, a palavra "parlamento" transmite um senso de democracia e o plural "religiões" sublinha a importância do princípio de uma multiplicidade de tradições religiosas. A visão verdadeiramente pluralista da religião que um parlamento como esse proporcionaria seria, a meu ver, de grande ajuda. Impediria os extremos do fanatismo religioso e, simultaneamente, a insistência em sincretismos desnecessários.

Ligada à questão da harmonia inter-religiosa, creio que devo dizer alguma coisa sobre a conversão religiosa. Esse é um assunto que precisa ser tratado com extrema seriedade. É fundamental ter consciência de que o fato de se converter a uma religião por si só não torna uma pessoa melhor, ou seja, mais disciplinada, mais compassiva ou de coração mais aberto. É muito mais proveitoso a pessoa concentrar-se em sua transformação espiritual através da prática da contenção, da virtude e da compaixão. À medida que as reflexões e práticas de outras religiões são relevantes ou úteis à nossa fé, vale a pena aprender com os outros. Em alguns casos, pode até ser interessante adotar algumas delas. Quando isso é feito com sabedoria, é possível manter a firmeza do compromisso com nossa própria fé. Esse é um bom caminho porque não oferece o risco da confusão, especialmente a respeito das diferentes maneiras de viver que costumam acompanhar diferentes tradições de fé.

Tendo em vista a grande diversidade de seres humanos, é forçoso que, em meio a milhares de praticantes de uma determinada religião, alguns deles considerem mais satisfatória a abordagem de outra religão à ética e ao desenvolvimento espiritual. Para alguns, os conceitos de renascimento e *karma* parecerão mais eficientes para estimular a aspiração de desenvolver o amor e a compaixão com maior responsabilidade. Para outros, o conceito de um criador transcendente e amoroso parecerá ainda melhor. Nessas circunstâncias, é imprescindível que essas pessoas se questionem repetidamente: "Estou atraído por essa outra religião pelas razões certas? Não seriam apenas os aspectos culturais e rituais que me seduzem? Ou seriam os ensinamentos fundamentais? Será que estou achando que, se me converter, a nova religião será menos exigente do que minha religião atual?" Digo isso porque sempre me chamou a atenção o fato de algumas pessoas, ao se converterem para uma religião que não faz parte de sua herança cultural, adotarem com freqüência certos aspectos superficiais da cultura à qual sua nova crença pertence. Mas sua prática da nova fé não vai muito além disso.

Quando a pessoa decide adotar uma nova fé depois de um processo de longa e madura reflexão, é muito importante nunca esquecer a contribuição positiva de cada tradição religiosa à humanidade. Pois há o risco de, ao procurar justificar sua decisão perante os outros, a pessoa criticar sua antiga fé. É preciso evitar isso. O fato de uma religião não ser mais eficiente para um indivíduo não significa que tenha deixado de beneficiar a humanidade. Pelo contrário, podemos estar certos de que qualquer uma das religiões serviu de inspiração para milhões de pessoas no passado, inspira milhões hoje em dia e ainda vai inspirar milhões a seguirem um caminho de amor e compaixão no futuro.

O ponto que se deve ter sempre em mente é que, em princípio, o objetivo da religião como um todo é tornar mais fácil o exercício do amor, da compaixão, da paciência, da tolerância, da humildade, da capacidade de perdão e de todas as outras qualidades espirituais. Se não lhes dermos importância, se deixarmos de praticá-las em nossa vida diária, mudar de religião ou permanecer na nossa – ainda que sejamos crentes fervorosos – não valerá de nada. Seria fazer o mesmo que o doente grave que apenas lê tratados sobre sua doença, mas deixa de seguir o tratamento prescrito.

Além do mais, se nós, que praticamos uma religião, não somos compassivos e disciplinados, como esperar que os outros o sejam? Se quisermos estabelecer uma verdadeira harmonia nascida do respeito e da compreensão mútuos, a religião tem um enorme potencial para falar com autoridade sobre questões morais de vital importância, como paz e desarmamento, justiça social e política, meio ambiente e muitas outras que afetam toda a humanidade. Enquanto não pusermos em prática nossos próprios ensinamentos espirituais, nunca seremos levados a sério. E isso significa, entre outras coisas, dar um bom exemplo desenvolvendo relações harmoniosas com outras tradições de fé.

CAPÍTULO 16

Um apelo

Ter chegado às últimas páginas deste livro faz lembrar a transitoriedade de nossa vida. Como passa rápido e como logo chegamos ao nosso último dia. Dentro de menos de cinqüenta anos, eu, Tenzin Gyat-so, o monge budista, serei apenas uma lembrança. Na verdade, é pouco provável que qualquer uma das pessoas que estejam agora lendo estas palavras possa estar viva daqui a cem anos. O tempo passa inexoravelmente. Quando cometemos erros, não podemos voltar os ponteiros do relógio para tentar outra vez. A única coisa que podemos fazer é usar bem o presente. Então, quando nosso último dia chegar, poderemos olhar para trás e ver que vivemos vidas plenas, produtivas e significativas, o que nos trará algum conforto. Do contrário, a tristeza pode ser muito grande. A escolha entre as duas alternativas cabe somente a nós.

A melhor maneira de ter certeza de que um dia nos aproximaremos da morte sem remorsos é agindo de maneira responsável e manifestando compaixão pelos outros no presente. Na verdade, isso é de nosso próprio interesse e não apenas porque vá nos beneficiar no futuro. Como vimos, a compaixão é uma das coisas que mais dão sentido às nossas vidas. É a fonte de toda felicidade e alegria duradouras. É o alicerce de um bom coração, o coração daquele que age motivado pela vontade de ajudar os outros. Por meio da bondade, da afeição, da honestidade, por meio da verdade e da justiça para com todos os outros é que asseguramos nossos próprios benefícios. Essa não é uma questão para ser debatida com teorizações complicadas. É uma questão simples, de bom senso. Não há como negar que a consideração pelos outros é algo valioso. Não há como negar que a nossa felicidade está inextricavelmente entrelaçada à felicidade dos outros. Não há como negar que, se a sociedade sofre, nós também sofremos. Nem há como negar que quanto mais animosidade há em nossos corações, mais infelizes nos tornamos. Por isso, podemos rejeitar tudo o mais: religião, ideologia, toda a sabedoria recebida. Mas não podemos escapar à necessidade de amor e compaixão.

Essa, então, é a minha religião verdadeira, minha fé simples. Nesse sentido, não é preciso existir templo ou igreja, mesquita ou sinagoga, não há necessidade de filosofia, doutrina ou dogma complicados. Nosso próprio coração e nossa própria mente são o templo. A doutrina é a compaixão. Amor pelos outros e respeito por seus direitos e sua dignidade, sejam eles quem forem ou o que forem: é só o que afinal precisamos ter. Se praticarmos isso em nossas vidas diárias, não importa se somos instruídos ou ignorantes, se acreditamos em Buda ou em Deus, se seguimos outra religião ou não seguimos nenhuma. Desde que tenhamos compaixão pelos outros e sejamos capazes de nos conter, motivados pela noção de responsabilidade, não há dúvida que seremos felizes.

Por que, então, se é tão simples ser feliz, achamos que é tão difícil? Lamentavelmente, apesar de quase todos nós nos considerarmos compassivos, costumamos ignorar essas verdades baseadas no puro bom senso. Deixamos de enfrentar nossos pensamentos e emoções negativos. Ao contrário do fazendeiro que acompanha as estações do ano e não hesita em começar a cultivar a terra quando chega a hora, desperdiçamos tempo demais em atividades sem sentido. Sentimos profundo pesar com relação a assuntos banais como perder dinheiro e, ao mesmo tempo, somos negligentes com o que é de fato importante sem que o menor sentimento de remorso nos perturbe. Em vez de nos alegrarmos com as oportunidades que temos de contribuir para o bem-estar alheio, só pensamos em prazeres fáceis. Recusamo-nos a pensar nos outros alegando que estamos muito ocupados. Corremos para lá e para cá fazendo cálculos e dando telefonemas e achando que é melhor assim. Fazemos uma coisa já preocupados com ter de fazer outra diferente caso algo não saia como esperamos. E em tudo isso utilizamos apenas os níveis mais superficiais, elementares e menos refinados do espírito humano. Além do mais, por estarmos desatentos às necessidades dos outros, acabamos inevitavelmente lhes causando mal. Achamos que somos muito inteligentes, mas como é que usamos nossos talentos? Com demasiada freqüência nós os usamos para enganar nosso próximo, aproveitar-nos dele e subir à sua custa. E, quando as coisas não dão certo, cheios de hipocrisia, nós o culpamos por nossos problemas.

No entanto, a aquisição de objetos materiais não proporciona satisfação duradoura. Não importa quantos amigos conquistemos, não serão eles que de fato vão fazer a nossa felicidade. E entregar-se aos prazeres dos sentidos é apenas um convite a várias formas de sofrimento. É como o mel derramado na lâmina de uma espada. Nem por isso devemos desprezar nosso corpo. Pelo contrário, pois não podemos fazer nada por ninguém nem por nós mesmos sem que ele esteja bem. Mas precisamos evitar os extremos que podem nos prejudicar.

Quando nos concentramos no que é mundano, o essencial permanece escondido de nós. É claro que, se pudéssemos ser verdadeiramente felizes dessa maneira, esse tipo de vida seria inteiramente razoável. Mas não podemos. Na melhor das hipóteses, a vida vai transcorrendo sem grandes aborrecimentos. Mas os problemas chegam, mais cedo ou mais tarde, e nos encontram despreparados. Não sabemos como lidar com eles. E nos desesperamos, e nos lamentamos.

Portanto, uno minhas duas mãos e apelo a você, leitor, que torne o resto de sua vida tão significativo quanto possível. Faça isso através da prática espiritual, se puder. Como espero ter deixado claro, não há nada de misterioso nisso. Consiste apenas em agir levando os outros em consideração. E se você o fizer com sinceridade e persistência, pouco a pouco, passo a passo, será capaz de reordenar seus hábitos e atitudes e pensar menos em seu pequeno mundo de interesses e mais nos interesses de todas as outras pessoas. E encontrará paz e felicidade para si mesmo.

Abandone a inveja, desapegue-se do desejo de sobrepujar os outros. Em vez disso, tente fazer bem a eles. Com bondade e gentileza, com coragem e acreditando que é assim que terá sucesso de fato, receba-os com um sorriso. Seja franco e honesto. E tente ser imparcial. Trate todos como se fossem amigos muito próximos. Não digo isso como Dalai-Lama ou como alguém que tenha poderes ou talentos especiais. Não os tenho. Falo como um ser humano, alguém que, como você, quer ser feliz e não sofrer.

Mas se você, por algum motivo, não puder ajudar as outras pessoas, procure ao menos não lhes fazer nenhum mal. Considere-se um turista. Pense no mundo como é visto do espaço, tão pequeno e insignificante, e ainda assim tão belo. Haveria realmente alguma coisa a ganhar fazendo mal a alguém durante a nossa estada aqui? Não seria preferível e mais razoável divertir-se e aproveitar a ocasião tranqüilamente como se estivesse visitando um lugar diferente? Portanto, se em seu passeio pelo mundo você dispuser de um momento, tente ajudar, mesmo que de forma modesta, aqueles que são oprimidos ou que por alguma razão não podem ou não querem ajudar a si mesmos. Tente não dar as costas àqueles cuja aparência é perturbadora, aos maltrapilhos e enfermos. Procure nunca pensar neles como se fossem inferiores. Se puder, não se considere melhor nem mesmo do que o mendigo mais humilde. Vocês dois terão a mesma aparência depois da morte.

Para encerrar, gostaria de compartilhar com você uma breve oração que serve de grande inspiração para meu propósito de fazer bem aos outros.

Que eu me torne em todos os momentos, agora e sempre,
um protetor para os desprotegidos,
um guia para os que perderam o rumo,
um navio para os que têm oceanos a cruzar,
uma ponte para os que têm rios a atravessar,
um santuário para os que estão em perigo,
uma lâmpada para os que não têm luz,
um refúgio para os que não têm abrigo
e um servidor para todos os necessitados.

CONHEÇA OS 30 CLÁSSICOS
DA EDITORA SEXTANTE

O Código Da Vinci, *Anjos e Demônios* e *Fortaleza Digital*, de Dan Brown

Pais brilhantes, professores fascinantes, *Nunca desista de seus sonhos* e *Você é insubstituível*, de Augusto Cury

O monge e o executivo, de James C. Hunter

Um dia "daqueles", *O sentido da vida* e *Querida mamãe, obrigado por tudo*, de Bradley Trevor Greive

Por que os homens fazem sexo e as mulheres fazem amor?, de Allan e Barbara Pease

Os 100 segredos das pessoas felizes e *Os 100 segredos das pessoas de sucesso*, de David Niven

Enquanto o amor não vem, de Iyanla Vanzant

A última grande lição e *As cinco pessoas que você encontra no céu*, de Mitch Albom

A Dieta de South Beach, de Arthur Agatston

O ócio criativo, de Domenico De Masi

Não leve a vida tão a sério, de Hugh Prather

O Poder do Agora, de Eckhart Tolle

A vida é bela, de Dominique Glocheux

Palavras de sabedoria e *O caminho da tranqüilidade*, de Sua Santidade, o Dalai-Lama

Muitas vidas, muitos mestres e *Só o amor é real*, de Brian Weiss

Histórias para aquecer o coração, de Jack Canfield e Mark V. Hansen

Conversando com os espíritos, de James Van Praagh

Aprendendo a gostar de si mesmo, de Louise Hay

Mantenha o seu cérebro vivo, de Lawrence Katz e Manning Rubin

Aprendendo a silenciar a mente, de Osho

INFORMAÇÕES SOBRE OS PRÓXIMOS LANÇAMENTOS

Para receber informações sobre os lançamentos da
EDITORA SEXTANTE, basta enviar um e-mail para
atendimento@esextante.com.br
ou cadastrar-se diretamente no site
www.sextante.com.br

Para saber mais sobre nossos títulos e autores, e enviar
seus comentários sobre este livro, visite o nosso site:
www.sextante.com.br

EDITORA SEXTANTE
Rua Voluntários da Pátria, 45 / 1.404 – Botafogo
Rio de Janeiro – RJ – 22270-000 – Brasil
Telefone: (21) 2286-9944 – Fax: (21) 2286-9244
E-mail: atendimento@esextante.com.br